1 MONTH OF FREE READING

at
www.ForgottenBooks.com

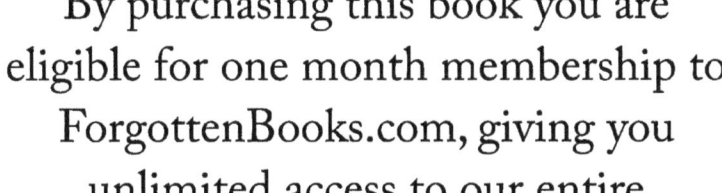

By purchasing this book you are eligible for one month membership to ForgottenBooks.com, giving you unlimited access to our entire collection of over 1,000,000 titles via our web site and mobile apps.

To claim your free month visit:
www.forgottenbooks.com/free1295564

* Offer is valid for 45 days from date of purchase. Terms and conditions apply.

ISBN 978-0-483-12374-8
PIBN 11295564

This book is a reproduction of an important historical work. Forgotten Books uses state-of-the-art technology to digitally reconstruct the work, preserving the original format whilst repairing imperfections present in the aged copy. In rare cases, an imperfection in the original, such as a blemish or missing page, may be replicated in our edition. We do, however, repair the vast majority of imperfections successfully; any imperfections that remain are intentionally left to preserve the state of such historical works.

Forgotten Books is a registered trademark of FB &c Ltd.
Copyright © 2018 FB &c Ltd.
FB &c Ltd, Dalton House, 60 Windsor Avenue, London, SW19 2RR.
Company number 08720141. Registered in England and Wales.

For support please visit www.forgottenbooks.com

Der
Mehlhandel Deutschlands
nach
Amerika.

Vom

Assessor Dr. von Reden,

Sekretair des Gewerbevereins für das Königreich Hannover.

Hannover.
Im Verlage der Helwingschen Hof-Buchhandlung.
1838.

Vorwort.

Die alte Regel, daß im Verlaufe der Zeit der Handel (dem begreiflich die Gewerbthätigkeit folgen muß) seine Richtung stets verändert, hat sich niemals vielleicht so augenfällig bewährt, als seitdem, früher in Nordamerika neuerlich auch in Südamerika, aus europäischen Kolonien unabhängige Staaten geworden sind. Die Verbindungen Deutschlands mit diesem Welttheile, vormals kaum nennenswerth, haben dadurch eine Bedeutsamkeit erlangt, welche zwar zu den schönsten Hoffnungen noch für eine Reihe von Jahren berechtigt; die aber keinesweges die Gewißheit eines sehr langen Bestandes in sich trägt. Wir haben die Erfahrungen, welchen Einfluß Amerika auf Deutschlands Handel ausüben wird, erst zur Hälfte gemacht; die Schattenseite.

liegt noch im Hintergrunde, und vielleicht hält man die Behauptung für übertrieben, daß von Amerika, nach nicht gar langer Zeit, die Vernichtung des Wohlstandes Deutschlands ausgehen wird. Ein großer Theil dieses Welttheils ist fähiger zur Erzeugung der Produkte unseres Vaterlandes, als Deutschland selbst; Tausende von rüstigen Armen senden wir demselben zu, und deutscher Fleiß, deutsche Beharrlichkeit, wird die von der Natur im Überfluß dargebotenen Gaben zu benutzen wissen. Die veredelnde Industrie*) überflügelt schon jetzt in ihren Anfängen, durch Einrichtungen, von deren Vortrefflichkeit und Großartigkeit wir kaum einzelne Beispiele aufzuweisen haben, unsere langsameren Bestrebungen, und so wird z. B. der Augenblick nicht sehr fern mehr sein, wo nordamerikanische Leinen die

---

*) So auch die Anstalten zur Beförderung des Verkehrs; denn die vereinigten Staaten besäßen z. B. am 1. Januar 1835 — 623 Dampfschiffe von mehr als 160,000 Ton's Trächtigkeit; 1321 Lieues Kanäle, deren Erbauung 425,000,000 Franken; 802 Lieues Eisenbahnen, welche 220,000,000 Franken gekostet haben.

unsrigen zuerst von den transatlantischen Märkten verdrängen, dann aber selbst in unserer Heimath uns aufsuchen. Ein fernerer sehr wichtiger Ausfuhr-Artikel, namentlich für das Königreich Hannover, ist Blei; aber in den vereinigten Staaten, z. B. in Missouri (Bromme Reisen B. III. S. 267, 316); in Illinois (S. 375), in Kentucky (II. S. 95.), in Virginien (S. 153), sind unerschöpfliche Bleilager und von solchem Reichthume der Erze, daß nur wegen Mangels an Bewohnern und an Sachkunde, dieselben bis jetzt uns unschädlich geblieben sind.

Ein anderes Beispiel, freilich aus einem entfernteren Welttheile, dürfte demungeachtet zur Unterstützung der obigen allgemeinen Behauptung dienen. Im Jahre 1806 brachte Macarthur die ersten Merinos nach Australien, und seitdem hat die Schafzucht sich daselbst so schnell gehoben und verbessert, daß, während die dortigen englischen Kolonien im Jahr 1810 nur 167 Pfund, 1820 nur 100,000 Pfund Wolle nach ihrem

Mutterlande lieferten; im Jahre 1835 schon 4¼ Millionen Pfund davon, in England eingeführt wurde, mithin ein Zehntel der Gesammt-Importation (Meinicke, das Festland Australien, Prenzlau 1837).

Welche Lehre aber sollen wir aus diesen Thatsachen ableiten? Die, uns neue Erwerbsquellen zu eröffnen; und von einer solchen handeln die nachfolgenden Blätter.

Hannover, den 22. November 1837.

v. Reden.

Über die Verschiffung von Weizenmehl nach Amerika, die Bedingungen, von welchen die Haltbarkeit desselben bei Versendungen über See abhängig ist, und die deshalb vom Gewerbe-Vereine für das Königreich Hannover angestellten Versuche.

Die Vortheile, welche eine Versendung von Weizenmehl nach Amerika darzubieten schien, veranlaßte die Direktion des Gewerbe-Vereins für das Königreich Hannover, diesem Gegenstande schon im Anfange des Jahrs 1836 eine besondere Aufmerksamkeit zu widmen. In allen damals bekannten Nachrichten nahm man als unzweifelhaft an, daß das auf gewöhnliche Weise zubereitete Mehl den langen Seetransport nicht vertrage, daß vielmehr ein dazu geeignetes Fabrikat auf Mühlen von besonderer Einrichtung gemahlen, von gedarrtem Korne verfertigt, oder selbst gedarrt werden müsse, u. s. w. Um hierüber Gewißheit zu erhalten, wurden zwei Tonnen mit verschiedenen Sorten auf die unten bezeichnete verschiedene Weise bereiteten Weizenmehls durch Vermittelung des Königl. Hannoverschen Faktors Herrn Otling in Bremen nach Amerika versandt, und zwar mit dem Draper, Kapt. Hillert, 325 Pfund, in einem den amerikanischen Mehlfässern getreu nachgebildeten

Fasse von Eichenholz, vier Abtheilungen enthaltend; abgefahren von Bremerhafen im August 1836 nach Baltimore, zurückgelangt nach Bremen im December 1836; und mit der

Anna Johanna, Kapt. Halenbeck, 202 Pfd. in einer ähnlichen Fastage von Buchenholz, zwei Abtheilungen enthaltend, abgefahren von Bremerhafen im October 1836 nach Newyork, nach Bremen zurückgekommen im Juni 1837.

Das Mehl war in der Mühle des Herrn Fiedeler hieselbst unmittelbar vor der Versendung verfertigt, aus gutem, jedoch mehr klein= als dickkörnigem Weizen, in der Gegend von Elze im Jahre 1835 gewachsen, per Himten 50 Pfund schwer. Das Gewicht des ganzen Quantums betrug nach dem Reinigen 602 Pfund, wovon zunächst 302 Pfund auf einem rheinischen Bodensteine und unter einem Crawinkler Läufer, etwa 24 Zentner schwer, der mit einer losen Haue versehen war, gemahlen wurden. Die Steine hatten 5 Fuß Durchmesser, s. g. Viertelschärfe, 9 Zoll Zug, 18 Viertel und in jedem Viertel 4 Furchen; der Läufer machte 100 bis 106 Umdrehungen in der Minute. So wie das Schrot von den Steinen kam, wurde es gebeutelt, und gab, außer dem Randmehle, 100 Pfund von der ersten Sorte (s. g. Stutenmehl) und 105 Pfund von der zweiten Sorte (s. g. Losmehl). Beide Sorten sind durch Beutel aus Seidenstramin von gleicher Feinheit gewonnen, weshalb kein merklicher Unterschied in deren Güte Statt fand. Das Absondern beider Sorten geschah nach dem Augenmaße, weil beide in eine und dieselbe Kiste gekommen waren.

Das Gewicht der andern Hälfte Weizen betrug 300 Pfund, und diese wurden mit einer festen Haue, rheinischem Läufer von 4 Fuß 6 Zoll Durchmesser, ungefähr 12 Zentner Schwere und Crawinkler Bodensteine gemahlen, welche wie oben beschrieben, jedoch darin verschieden waren, daß der Läufer in der Minute nur 95 bis 100 Mal umging. Das Schrot wurde wieder gleich gebeutelt, lieferte außer dem Randmehle 113 Pfund erste Sorte und 82 Pfund zweite Sorte. Die Verschiedenheit der Quantitäten beruhte wieder auf dem nach dem Augenmaße geschehenen Abtheilen. Kömmt das Randmehl, welches bei dem ersten Versuche 7 Pfund, bei dem zweiten 31 Pfund betrug, hinzu, so ergibt sich, daß mit der losen Haue aus 302 Pfund Korn 212 Pfund Mehl bei einmaligem Durchgange durch die Steine gewonnen wurde. Beim zweiten Versuche mit der festen Haue wurden 231 Pfund gewonnen, folglich 19 Pfund mehr. Diese Verschiedenheit lag jedoch in der Feinheit der angewandten Beutel, indem der zuerst gebrauchte Beutel feiner war, und nicht alles Randmehl durchließ. Man hätte auch bei einmaligem Durchgange mehr Mehl gewinnen können, wenn die Steine so gegen einander gestellt gewesen wären, daß sie das Schrot stärker angegriffen und feiner gemacht hätten; das Mehl würde auch dadurch sanfter im Anfühlen gewesen sein. Allein die hiesigen Bäcker lieben das durch ganz feine Tücher gewonnene Mehl nicht, und so blieb es bei dem Gewöhnten. Jedes Paar Steine lieferte von obigen Mehlsorten in der Stunde $3\frac{1}{2}$ bis 4 Himten.

Das Faß von Eichenholz enthielt vier Abtheilungen, in deren jede eine der oben bezeichneten Sorten Mehl gethan wurde; in dem buchenen Fasse sind nur die beiden Sorten des mit der losen Haue gemahlenen Mehls versandt.

Im Juli d. J. wurde von der Direktion des Gewerbevereins unter dem Vorsitze des Herrn Apothekers Ober=Bergcommissairs Gruner, eine Kommission, bestehend aus den Herren Mühlenbesitzer Fiedeler jun., Bäckermeister Kramer und Hof=Bäckermeister Lange hieselbst, niedergesetzt, zur Untersuchung des dermaligen Zustandes des Mehls, der etwa damit vorgegangenen Veränderungen, und, insofern solche der Güte der Ware nachtheilig wären, behuf Erforschung der Ursachen derselben und der Mittel, wodurch einer Verschlechterung begegnet werden könnte. Aus dem unter dem 7. August d. J. erstatteten Kommissionsberichte geht Folgendes hervor:

Bei Eröffnung der (noch versiegelt und im unversehrten Zustande gefundenen) Tonne von Eichenholz, ergab sich, daß alle vier Sorten Mehl durchaus unverändert geblieben waren, daß sie weder ihre weiße Farbe und lockere Beschaffenheit, noch auch die sonstigen äußeren Eigenschaften eines besonders guten Mehls, auch nur im Mindesten verloren hatten. Sie waren ferner ohne allen Beigeschmack oder Geruch. Die Herren Kramer und Lange stellten abgesonderte Backversuche mit diesem Mehle an, und bereiteten aus den besten Sorten (dem s. g. Stutenmehle), mit Milch angemengt s. g. Franzbrot, mit Wasser angemengt s. g. Kreuzbrot; aus dem s. g. Losmehle mit Wasser angemengt s. g. zwei Pfennigbrot. Beim Backen, welches mit Hülfe der trocknen oder Preßhefe geschah, wurde ein Unterschied zwischen dem mit der losen und dem mit der festen Haue bereiteten Mehla nicht entdeckt. Sämmtliche Brotsorten waren ausgezeichnet gut und wohlschmeckend.

Das in der Tonne von Buchenholz versendete Mehl hingegen kündigte sich gleich beim Öffnen derselben (durch seinen mulstrigen Geruch) als verdorben an. Es war mißfarbig und so fest zusammenhängend geworden, daß es mit einem Beile herausgehauen werden mußte. Diese üble Beschaffenheit zeigte sich indeß nicht auf gleiche Weise durch die ganze Masse; denn während die eine Hälfte derselben in der ganzen Länge der Tonne gräulich weiß von Farben mit schwarzen Moderpunkten untermischt und von der eben gedachten Festigkeit war, fand man die entgegengesetzte Hälfte mehr weiß, ohne Moderpunkte und von geringerer Festigkeit. Die vom letzteren Mehle gebackenen Brote hatten einen mulstrigen Geruch und schmeckten schlecht.

Die ganz verschiedene Beschaffenheit des Mehls in beiden Tonnen kann weder durch die Verpackung, welche gleich sorgsam und trocken geschehen ist, noch durch die Beschaffenheit des Mehls veranlaßt sein, weil dasselbe aus derselben Frucht und auf gleiche Weise gewonnen ist.

Die Ursache des Verderbens des in dem buchenen Fasse mit einem ändern Schiffe versandten Mehls kann vielmehr lediglich in sorgloser Aufbewahrung im Schiffe gesucht werden, wo man das Faß gegen Feuchtigkeit von unten oder Regen von oben nicht genügend schützte. Diese Ansicht findet Bestätigung in dem Umstande, daß an der Seite, welche, wie das äußere Ansehen der Tonne zeigte, der Feuchtigkeit ausgesetzt gewesen ist, das Mehl ungleich fester und verdorbener war, als an der andern. Aus dem Vorstehenden darf man den sehr wahrscheinlichen Schluß ziehen:

daß das mit gehöriger Vorsicht und ohne Anfeuchten der Frucht, auf Mühlen von gewöhnlicher (nur nicht mangelhafter) Einrichtung, gewonnene Mehl, bei sorgfältiger Schiffverpackung, den Transport über See eben so gut verträgt, als das auf Dampfmühlen verfertigte Mehl.

Knüpfen wir hieran einige Betrachtungen über den Mehlhandel*) nach Amerika und über die Bedingungen, von welchen die Haltbarkeit des Mehls bei Versendungen über See abhängig sein dürfte. Es ist bekannt, daß im Allgemeinen Südamerika, Westindien und selbst einzelne Theile Nordamerika's bedeutende Mehlzufuhren bedürfen. Sie werden solche immer bedürfen; denn obgleich (namentlich in Mexico) Weizen selbst bis herunter auf 4000 Fuß über der Meeresfläche gebaut wird, finden die Bewohner jener Landstriche doch größeren Vortheil im Anbaue anderer Handelsartikel. Die Bevölkerung ferner wird noch Jahrhunderte nöthig haben, um mit der Größe ihrer Länder in einigem Verhältnisse zu stehen. Dann ist auch bis jetzt Weizenmehl dort noch Luxusartikel, nur der Reichere

---

*) Da dieser Zweig des Handels im Allgemeinen bisher wenig beachtet wurde, so hat das Sammeln der Materialien zu dieser Ausarbeitung viele Schwierigkeiten gehabt.

in den Städten, und an Festtagen der geringere Mann ist Weizenbrot; Maiskuchen ist die gewöhnliche Speise. Mögen also auch in neuester Zeit einzelne gute Mühlen daselbst angelegt sein, mag dieses und der Kornbau noch zunehmen; so wird doch der Bedarf in ganz anderen Progressionen steigen.

Dieser Mehlhandel, sammt allen damit verknüpften großen Vortheilen, befindet sich in den Händen einiger Häfen der nordamerikanischen Freistaaten. Haupttheilnehmer daran sind New-York, Baltimore, New-Orleans, Philadelphia und Richmond, und schon seit längerer Zeit ist dieser Zweig des Verkehrs von Bedeutung dafür; denn der Export von Mehl betrug z. B.:

1791 — 619,681 Faß, werth: 11,625,000 Doll.
1803 — 1,311,853 »
1810 — 798,431 »
1820 — 1,177,036 »

In den Jahren vom 1. October 1821 bis 30. September 1832 wurden folgende Quantitäten Weizenmehl nach den benannten Bestimmungsorten von den vereinigten Staaten ausgeführt:*)

---

*) Mac Culloch Dictionary, Suppl. (Die sämmtlich im Originale verglichenen Schriften werden nur Ein Mal angezogen.) Weiland Karte des östlichen Theils der vereinigten Staaten. Weimar 1835. Youngs Reisekarte durch die vereinigten Staaten, für Deutsche, von Hammer. Nürnberg 1837. Karte von Mexico und Centro-Amerika. Gotha 1831. Karte des nördlichen Theils von Südamerika. Gotha 1831. Karte des südlichen Theils von Südamerika. Gotha 1831.

	Amerika				Eu
Jahre.	Brittisch-nordamerikanische Kolonien.	West-Indien.	Süd-Amerika.	Großbritannien und Irland.	Frankreich.
	Fässer.	Fässer.	Fässer.	Fässer.	Fässer.
1821	131,035	551,396	156,888	94,541	1,175
1822	89,840	436,849	211,039	12,096	228
1823	29,681	442,468	198,256	4,252	51
1824	39,191	424,359	357,372	70,873	426
1825	30,780	429,760	252,786	27,272	102
1826	72,904	433,094	285,563	18,357	275
1827	107,420	362,674	271,524	53,129	19
1828	86,680	370,371	308,110	23,258	6,266
1829	91,088	248,236	235,591	221,176	17,464
1830	149,966	361,256	347,290	326,182	56,590

ropa.			Afrika.	Asien.	Zusammen.
Spanien und Portugal.	Madeira.	Andere europäische Länder.	Alle Theile.	Alle Theile.	
Fässer.	Fässer.	Fässer.	Fässer.	Fässer.	Fässer.
71,958	26,572	9,074	3,123	10,357	1,056,119
25,104	21,375	976	3,929	26,429	827,865
62,387	4,752	2,088	903	11,864	756,702
939	25,851	47,449	3,883	6,439	996,792
730	3,597	55,818	7,623	15,438	813,906
504	6,119	27,716	5,403	7,885	857,820
4,293	5,171	52,114	4,909	7,238	865,491
294	4,061	54,371	1,737	5,662	860,809
509	3,779	14,959	221	4,362	837,385
10,222	19,628	36,924	2,609	5,214	1,225,881
364	12,811	35,416	2,751	8,305	1,805,205
....	....	....	....	....	964,919

Die Durchschnitts-Ausfuhr in diesen Jahren ist also 989,074½ Fässer gewesen und der Durchschnitts-Geldwerth (per Tonne 5½ Doll.) 5,439,909¾ Dollar oder 6,762,110 Rthlr. — Ggr. 10 Pf.*)

Hiervon kommen auf

1. New-York

    1830. . . . . 304,352 Fässer.
    1831. . . . . 437,104 »
    1832. . . . . 195,614 »

2. Baltimore

    1826. . . . . 596,349 Fässer.
    1827. . . . . 572,519 »
    1828. . . . . 546,451 »
    1829. . . . . 473,617 »
    1830. . . . . 597,811 »
    1832. . . . . 527,446 ».

Baltimore versendet sein Mehl vorzüglich nach Liverpool, St. Thomas und Lima. Die Durchschnittsfracht ist nach den ersten beiden Orten 50 bis 75 Cents pro Faß (Günstige Reise 4 bis 5 Wochen); nach Lima 3,75 bis 4,50 Doll. pro Faß (Dauer der Reise 4 bis 5 Monate).

3. New-Orleans

    1824. . . . . 100,929 Fässer.
    1825. . . . . 140,546 »
    1826. . . . . 129,004 »
    1827. . . . . 131,096 »

---

*) Nach Hamburg kamen 1820 — 520, im Jahre 1831 — 475 Fässer Weizenmehl von Nordamerika.

1828. . . . . 152,593 Fäſſer.
1829. . . . . 157,323 »
1830. . . . . 133,700 »
1831. . . . . 360,580 »
1832. . . . . 210,887 »

4. Die jährliche Ausfuhr von Family Flower wurde für Philadelphia ſchon im Jahre 1830 auf 500,000 Barrel berechnet.

5. Richmond, Hauptſtadt von Virginien am James-Fluſſe, ſoll das beliebteſte Mehl fabriziren *), und ſeine 20 Mühlen ſind im Stande, binnen 24 Stunden 110,000 Pfund zu liefern.

Nach Malte-Brun **) waren 1805 im damaligen Gebiete der vereinigten Staaten 10,000 Mühlen vorhanden, und vom 1. Oktober 1816 bis dahin 1817 wurde an Werth für 19,123,823 Dollar Mehl exportirt, nämlich von New-Orleans 75,000 Fäſſer, von Alexandria 209,405 Fäſſer, Baltimore 515,424 Fäſſer. — Delaware führte 1828 aus 134,800 Barrel Weizenmehl und 18,000 Barrel feine Graupen.

Später werden wir auf die Vorzüge, welche das amerikaniſche Mehl durch ſorgfältigeres Verfahren bei der Fabrikation erhält, zurückkommen; hier darf aber eine Einrichtung nicht unberührt bleiben, die vielleicht das Meiſte dazu beiträgt, demſelben bis jetzt ein ſo entſchiedenes Übergewicht auf den Südamerikaniſchen

---

*) Chevalier, lettres sur l'Amérique du Nord; 1837.
Bromme, Reiſen und Gemälde von Nordamerika; 1837.
**) Gemälde von Amerika, überſetzt von Greipel; 1819.

und Westindischen Märkten zu verschaffen *). Alle Gattungen von Mehl nämlich, welche aus den vereinigten Staaten verschifft werden, unterliegen zuvor der Prüfung eigens zu diesem Zwecke angestellter Beamten. Das Gesetz bestimmt ferner, daß die Tonnen, in welchen es verschifft wird, von bestimmter Größe und in jeder ganzen Tonne (barrel) 196 Pfund Amerikan. Handelsgewicht (190 Pfund Hannov.) Mehl, in jeder halben Tonne 98 Pfund Mehl enthalten sein sollen. Nachdem der Aufseher sich überzeugt hat, daß die Tonnen mit den Anordnungen des Gesetzes in Betreff der Größe, des Gewichts u. s. w. übereinstimmen, entscheidet er über die Qualität des Mehls. Auf die Tonnen, welche die beste Sorte enthalten, wird eingebrannt »Superfine;« auf die mit zweiter Sorte »Fine;« mit dritter Sorte »Fine Middlings;« mit vierter Sorte »Middlings;« mit fünfter »shipstufs;« Tonnen, welche Waare enthalten, die als für den Handel nicht gut genug erkannt wird, erhalten das Zeichen »Bad« (schlecht) und dürfen eben so wenig ausgeführt werden, als Tonnen, welche das gehörige Gewicht nicht enthalten. Mehl für den einheimischen Bedarf unterliegt keiner Aufsicht; hinsichtlich des für den auswärtigen Handel Bestimmten, aber muß die Prüfung, bei

---

*) Dictionnaire du Commerce et des Marchandises, 1837.
  Handels=Almanach. Weimar 1838. (vorzüglich nach Pitkin View of the Commerce of the United States. 2d edit.)

5 Dollars per Tonne Strafe, zur Zeit und am Orte der Ausfuhr Statt finden. Wer die Marken ändert oder nachmacht, unterliegt einer Strafe von 100 Dollars, und wer frisches Mehl in Tonnen füllt, die bereits mit dem Brandzeichen versehen sind, oder verfälschtes Weizenmehl zum Verkaufe ausbietet, verfällt in beiden Fällen in eine Strafe von 5 Dollars per Tonne. Eine Strafe von 30 Cents ist angedroht, wenn die Tonne nicht das vorgeschriebene Gewicht hat, außer 20 Cents für jedes fehlende Pfund. — Die Kosten des Brandzeichens sind zu New-York 1 Cent für jede ganze oder halbe Tonne. Das Lagergeld *) beträgt monatlich per Bbls. 4 Cents; das Karrenfuhrlohn per Last 2 Sh.; bei Befrachtung eines Schiffs werden 8 Fässer Mehl, à 196 Pfund engl., auf eine Ton gerechnet.

Weizenmehl unterliegt in den vereinigten Staaten per Centweight (Cwt. 112 Pfund) einem Einfuhrzolle von 50 Cents, wenn es jedoch gelagert und binnen den nächsten 3 Jahren wieder ausgeführt wird, tritt eine Rückvergütung des bezahlten Zolls ein **).

Wenden wir uns jetzt zu den Gegenden, wohin die Haupt-Mehlausfuhr Statt findet.

1. Brasilien.

---

*) Scherer Allgemeiner Comtorist.

**) Archives du Commerce; eine kurze Übersicht der Verhandlungen über die Tariffrage findet sich in Hamilton die Menschen und die Sitten in Nordamerika, übersetzt von Hout. Bd. 1. S. 99 ff.

a. Rio de Janeiro *). Im Jahre 1834 sind ungefähr 160,000 Fässer daselbst angelangt, und im Jahre 1835 wurde der Verbrauch allein dieses Platzes auf jährlich mehr als 100,000 Fässer geschätzt, auch bemerkt, daß solcher stets zunehme; an Korn und Mehl sind im Jahre 1835 für mehr als 3,000,000 Rthlr. Werth in Rio Janeiro eingeführt; vom 1. Januar bis 1. Mai 1837

35,500 Fässer }
3,500 Säcke } Mehl,
20,000 » Weizen;

zum Theil aus Rio Grande und vom la Plata. Ein Theil von diesem Quantum geht nach den benachbarten kleineren brasilischen Häfen, nach den übrigen Theilen Süd-Amerika's, nach Afrika u. s. w.; nur etwa 2000 bis 3000 Fässer europäisches Mehl sind darunter. Nach einer oberflächlichen Berechnung konsumirt jetzt schon Brasilien jährlich an 300,000 Fässer ausländisches Mehl; nach einer anderen Angabe führen die vereinigten Staaten für jährlich 250,000 bis 300,000 Lst. Mehl dorthin. Des Versands in's Innere auf Maulthieren wegen ist zu rathen, einen Theil in halben Fässern hinzusenden.

Im Allgemeinen können die Frachten vom europäischen Kontinente nach Brasilien mit 2 Lst. per Ton angenommen werden, die Rückfrachten dagegen mit 3 Lst. 10 Sh.

Im Anfange des Jahrs 1835 wurde Mehl aus

---

*) Börsen-Nachrichten der Ostsee.

Nordamerika zu 8 bis 10 D!, aus Europa zu 6 bis 8 D. verkauft, gegen Ende des Jahres stand es auf resp. 10 bis 12 und 7 bis 8 D.; im Anfange des Jahrs 1836 bewegten sich die Preise, für bestes N. Amerik. zwischen 12 und 14 Doll., zweite Qualität 10 bis 12, europäisches 8 bis 11 Doll.; am 7. Februar 1837 galt nordamerikanisches Mehl 23 à 24,000 Reis, ordin. aus Frankreich 18,000 R. — Zoll 16½ Prozent nach der Werthschätzung von 9600 R. per Barril; am 23. März 1837 kostete mf. 14 à 19,000 R.; am 29. Mai 1837 fine 19 à 24,000 Reis.

In einem Berichte der Herren A. F. Biesterfeld und Comp. zu Rio vom 1sten Mai d. J. heißt es:

Mit Mehl will es noch nicht glücken, indem man es in der Bereitung desselben in Deutschland, weder den Amerikanern, noch Belgiern und Andern gleich thut; unsere jetzigen Preise von 20 à 24,000 Reis für bessere, 13 à 16,000 R. für geringere Sorten, sind um so mehr zu beachten, wenn die hohen Mehlpreise in den vereinigten Staaten fortdauern.

Der Durchschnittspreis für bestes Mehl soll in den letzten Jahren 12,000 Reis per Faß, oder zum Kours von 40 Den., 40 Sh. Sterlg. gewesen sein.

Die Zölle auf alle Einfuhrgüter fast ohne Ausnahme betragen nach dem Gesetze vom 24. September 1828 15 Prozent des Tarif- (oder etwa 20 Prozent des wirklichen) Werths; nach dem Gesetze vom 25. September 1828 und dem Reglement vom 26. März 1833 werden von Waren, welche zur Wiederausfuhr bestimmt sind, nur 2 Prozent des Werths entrichtet. Über die

Form der Manifeste u. s. w. enthalten die Verordnungen vom 20. Dezember 1831 und 4. Dezember 1832 ausführliche Bestimmungen.

Die Ankerabgaben belaufen sich nach dem Gesetze vom 25. October 1836 auf 30 Reis von der Ton; die gewöhnlichen Berechnungen der Platzspesen sind 5 Prozent auf den Verkauf von Gütern, $2\frac{1}{2}$ Prozent del Credere, $2\frac{1}{2}$ Prozent für den Einkauf und die Verschiffung von Landesprodukten als Retouren. Der Landesgebrauch ist bei Importen ein offener Kredit von 4 bis 8 Monaten, zuweilen gar von 12 Monaten, dann Zahlung in monatlichen Terminen und dennoch gewöhnlich Überschreitung jenes Termins um mehrere Monate ohne Zinsenbewilligung.

Alle Exporten dagegen, welche Ausländer kaufen, müssen entweder sofort bezahlt, oder wenn, was selten, Kredit gegeben wird, mit 1 Prozent per Monat verzinset werden.

Ein Umstand, der den Handel mit Brasilien außerordentlich erschwert, ist außerdem das im Umlaufe befindliche Geld, welches bisher so schlecht war, daß dadurch Schwankungen von 10 bis 20 Prozent binnen weniger Monate im Wechselkurse entstanden. Jetzt sollen Abhülfemaßregeln ergriffen sein.

Die Haupt-Exporten nach Europa bestehen in Kaffee, Zucker und Häuten. Rio Janeiro führte aus:

	Kaffee.	Zucker.	Häute.
1827.	350,900 Säcke, à 160 ℔ —	19,644 Kisten —	329,320 Stück
1828.	369,147 "	— 19,035 "	— 207,268 "
1829.	375,107 "	— 18,864 "	— 351,893 "

1830. 391,785 Säcke — 22,488 Kisten — 266,719 Stück
1831. 448,249 » — 22,004 » — 342,385 »
1832. 478,950 » — 16,645 » — 263,657 »
1833. —
1834. 540,000 » — 15,867 Kist. u. 20,028 Säcke. —
1835. 647,438 » — 19,165 » » 24,289 » 144,484 St.

b. **Bahia.** Der schon sehr beträchtliche Verkehr von Bahia muß, bei dessen für den Handel so glücklicher Lage, in der Folge sich noch mehr heben. — Das aus den vereinigten Staaten im Jahre 1833 daselbst eingeführte Mehl hatte einen Werth von pp. 210,000 Rthlr. Im Mai 1836 galt gutes europäisches Mehl 6 à 10 Doll., Amerikanisches erste Qualität 15 à 16 Doll.

Im Durchschnitt betragen die Ausfuhren jetzt jährlich etwa 45,000 Kisten (à 13 Ztr.) Zucker, 35,000 Säcke, (à 170 Pfd.) Baumwolle, 80,000 Ztr. Kaffee u. s. w.

Im Jahre 1832 sind ausgeführt *):
Baumwolle . . . . 60,000 Ballen,
Kaffee 20,000   »
Zucker . . . . 62,000 Kisten,
Häute . . . . 150,000 Stück,
Tabak . . . . 50,000 Rollen,
Rum . . . . 20,000 Pipen.

Im Jahre 1835:
Baumwolle . . . . 40,320 Säcke,
Kaffee 12,601   »

---

*) Crügers Handels-Geographie.
Bechers Handels-Geographie.

Zucker . . . . 47,665 Kisten
            und . . . . 3,071 Fässer,
Häute . . . . 148,752 Stück,
Ochsenhörner . . . . 222,464 »
Tabak . . . . 5,739 Rollen
. . . . . . und . . . . 54,419 mangotes,
Rum . . . . 6,400 Pipen.

Pernambuco hat, als Stapelplatz der Importen für den mittleren Theil des Reichs, gleichfalls einen bedeutenden Handel mit Mehl, welches am 23. Dezember 1836 einen Mittelpreis von 18,000 Reis hatte; seine Exporten waren 1835:

   52,142 Ballen Baumwolle,
   18,943 Kisten
   56,996 Fässer } Zucker,
    9,180 Säcke
   91,490 Häute,
   36,313 Hörner,
      158 Pipen Rum.

d. Para, obgleich an der Mündung des Amazonenflusses, und der einzige einiger Maßen bedeutende Seeplatz im Norden Brasiliens, hat doch verhältnißmäßig wenig großen Handel, vielleicht mit als Folge der fast fortwährend dort Statt gehabten Unruhen. Es importirt namentlich bis jetzt direkt nur wenig Mehl; seine Hauptausfuhr besteht in Reis, Kaffee, Kakao,

2. Für die Republik Mexiko ist unter dem 18. März 1837 ein neuer Zolltarif, nebst Verordnungen für die Schiffer erlassen, welcher am 18. September d. J. in Kraft getreten ist *). Einige hauptsächliche Bestimmungen desselben sind:

a) Für den auswärtigen Handel sind folgende Häfen geöffnet:

Im mexikanischen Meerbusen: Sisal, Campeche, Tabasco, Veracruz, Tamauplias (Tampico) und Matamoros.

In der Südsee: Acapulco und San Blas.

Im Meerbusen von Kalifornien: Guaimas.

Im See von Alta Californien: Monterey.

b) Jedes fremde und einheimische von fremden Häfen kommende Schiff bezahlt 12 Realen für jede Tonne Gehalt, einmal für jeden Besuch der Häfen der Republik.

c) 1 Lst. wird gerechnet zu 5 mexik. Piaster,
  1 Frank zu 20 Cents,
  1 Mark Banko zu 37½ Cents.

d) Bei Strafe der Konfiskation und sonstigen Strafen ist die Einfuhr unter Anderen von Mehl verboten, ausgenommen in Yucatan (wonach die Häfen Sisal und Campeche vom Verbote ausgenommen sind).

e) Alle einheimische Stoffe, Früchte, Waren können zollfrei ausgeführt werden, mit einziger Ausnahme von Gold und Silber.

---

*) Neuer mexikanischer Zolltarif. Hamburg 1837.

f) Die in den Artikeln dieser Verordnung enthaltene Basis läßt die mit verschiedenen fremden Mächten geschlossenen Handelstraktate unverletzt. Das Königreich Hannover hat zwar unter dem 20. Junius 1827 einen Handels- und Schifffahrts-Vertrag mit der Republik Mexiko abgeschlossen, allein dadurch ist demselben eine Ausnahme von dem Verbote der Einfuhr gewisser Waren nicht zugesichert, indem nur im Art. 4. bestimmt ist, daß ein solches Verbot sich auf alle anderen Nationen gleichmäßig erstrecken müsse.

Die Warenverkäufe geschehen auf 3 Monat, mehr oder weniger, Zeit. Der Transport der Waren in's Innere des Landes, namentlich nach Mexiko, wird durch Maulthiere bewirkt, welche außer dem Tragsattel gewöhnlich mit 400 Pfund mexikan. Gewicht (1 Pfund = $31\frac{1}{2}$ Loth Köln.) beladen werden; die in den Häfen geschehende neue Verpackung kostet per cargo (2 Ballen) 8 Piaster. Die Fracht zwischen Veracruz und Mexiko schwankt von 14 bis 40 Piaster per Ladung, der Durchschnittspreis ist 21 Piaster; von Tampico nach Mexiko 23 bis 24 Piaster; von Tampico nach San-Luis-Potosi 18 Piaster. Das Lootsengeld in jenem Hafen beträgt bei der Einfahrt 15 Dollar 4 Real; bei der Ausfahrt 19 Dollar. — Veracruz*) ist, ungeachtet seines mangelhaften Hafens und höchst ungesunden Klima's, durch seine Lage namentlich als Verbindungsmittel des Seehandels mit Mexiko, das allge-

---

*) Das Ausland. Jahrg. 1835.

meine Entrepot des mexikanischen Handels; alle bedeutenden Kaufleute des Landes haben hier ihre Korrespondenten. Außer edlen Metallen sind die vorzüglichsten Ausfuhr-Artikel: Cochenille, Zucker, Indigo, Leder, Saſſaparilla, Vanille, Jalappewurzel, Seife, Blauholz und Piment. Der Verbrauch an Weizenmehl iſt bedeutend; er betrug z. B.

zu Veracruz im Jahre 1803 11,115 Tercios zu 200 Pfund, alſo 2,223,000 Pfund; im Jahre 1830 8034 Tercios = 1,606,800 Pfund, welches per Kopf 213⅗ Pfund, oder für eine Familie von 5 Perſonen, täglich faſt 3 Pfund betrug. Unter Berückſichtigung der Bevölkerungs-Abnahme iſt ermittelt, daß hiernach jede Familie im Jahre 1830 täglich 1 Pfund Mehl **mehr** verzehrte, als im Jahre 1803;

zu Jalapa (Stadt von 10,600 Einw.) wurden 1830 konſumirt 2400 Cargas à 400 Pfund = 960,000 Pfund Weizenmehl;

zu Jalancingo (3700 Einw.), 220 Tercios = 44,000 Pfund Weizenmehl;

zu Perote (3400 Einw.), 1500 Tercios = 300,000 Pfund Weizenmehl.

Schon jetzt ist also der Verbrauch an Weizenmehl in den Städten nicht unbedeutend, und man gibt dem amerikaniſchen (welches zum Theil eingeſchmuggelt wird) bei weitem den Vorzug vor dem, auf den inländiſchen, faſt ohne Ausnahme noch ſehr unvollkommenen Mühlen, verfertigten." Herr von Humboldt *) glaubt, daß wenn die Kommunikation der Seehäfen mit den inneren höher belegenen Landestheilen dereinst durch gute Straßen gesichert sei, Veracruz im Stande sein werde, vielen Weizen und Mehl, und zu wohlfeileren Preisen als die vereinigten Staaten, zu versenden. Andere Schriftsteller (namentlich Poinsett in den Notes on Mexico) erklären solche Erwartungen für durchaus unbegründet, weil alle Vortheile, welche Mexiko durch die Fruchtbarkeit des Bodens und die Wohlfeilheit des Arbeitslohns hat, überwogen werden dürften durch die Kosten eines Landtransports von 300 engl. Meilen bei einem solchen Artikel, und weil die Fuhrwerke verhältnißmäßig nur wenig Rückfracht haben würden.

Schattenseiten des Verkehrs mit Mexiko sind außer den bereits angedeuteten vornehmlich: **)

1. der Mangel schiffbarer Flüsse, aus der Formation des Bodens hervorgehend;
2. der Mangel nur einigermaßen bequemer Frachtstraßen;
3. der Mangel an Retouren;
4. das namentlich in Veracruz höchst ungesunde Klima.

Die für Mehleinfuhr freigegebene Provinz Yucatan besteht aus einer in den mexikanischen Meerbusen Cuba gegenüber sich erstreckenden Halbinsel, wovon ein Theil im Besitze der Engländer sich befindet, durch welchen

---

*) Nouvelle Espagne.
**) Verhandlungen des Vereins zur Beförderung des Gewerbfleißes in Preußen, Bd. III.

ein bedeutender Schmuggelhandel getrieben wird *). Sie soll bei einer Größe von 2152 QM. etwa 460,000 Einw. haben, und ist für den Ausfuhrhandel eigentlich nur durch ihr Blauholz, durch Mahagoni und andere Holzarten wichtig.

Sisal ist ein mit der Hauptstadt Merida durch eine Straße verbundener unbedeutender Hafen; etwas mehr Wichtigkeit für den Handel hat Campeche, dessen Hafen jedoch ebenfalls unsicher sein soll. Es führt auch Salz und Wachs aus.

3. Der Staat Texas, dessen Unabhängigkeit von Mexiko jetzt einiger Maßen gesichert scheint, hat zwar augenblicklich wegen seiner dünnen Bevölkerung und seiner noch nicht geordneten Verhältnisse, für den Handel noch keine große Wichtigkeit; wird sie aber ohne Zweifel später im hohen Grade erlangen. Es soll nur wenige Gegenden der Erde geben, die von der Natur freigebiger bedacht worden sind (O'Neill the Guide to Texas und A Visit to Texas). Die Fruchtbarkeit des Bodens, das gesunde angenehme Klima, die Lage am Meere, in welches eine Menge Flüsse sich ergießen, lassen dies erwarten. Die Niederungen bestehen aus dem reichsten Alluvial-Boden, das meist gute Hochland aus tiefem Lehmboden.**) Erstere erzeugen in vortrefflicher Qualität Baumwolle, Zucker, Indigo, Wein; die Höhen liefern Schlachtvieh, Pelzwerk, Metalle, Tabak, Getreide und kostbares Holz (z. B. die

---

*) Blätter für Handel und Industrie. Jahrg. 1836. S. 266.
**) Ludecus Reise durch einige mexik. Provinzen. Leipz. 1837.

Lebenseiche) *). Zwischen dem Sabinefluß und dem Rio Grande findet man auf einer Ausdehnung von 500 engl. Meilen, bis jetzt nur als bemerkenswerthe Häfen: Galveston, Matagorda und Brasos St. Jago; besonders der Erstere ist gut.

Im Mai d. J. ist eine Akte zur Erhebung von Einfuhrzöllen erschienen, wonach unter Anderem Mundbedarf (ob darunter nur die Provision der Schiffe verstanden ist?) frei ist, und Schiffe, die von einem auswärtigen Hafen kommen, 25 Prozent (?) Tonnengeld bezahlen.

4. Die fünf unabhängigen Föderativ-Republiken, welche den Freistaat Guatemala bilden, sollen, neben ihren bedeutenden Exporten an Indigo, Cochenille, Kakao, Baumwolle, Tabak, auch Getreide ausführen (1825 für 100,000 Doll.); jedoch ist zu erwarten, daß das Mühlenwesen daselbst sich noch in einem Zustande befindet, der die Mehleinfuhren begünstigt. Die Einfuhrzölle sind gering, wie denn z. B. nach dem Dekret vom 7. September 1832 Mehl einem Zolle von 10 Prozent unterliegt, und dessen Werth zu 5 Piaster der Barril festgesetzt ist.

Die besten Häfen am atlantischen Meere sind Omoa, Truxillo, Matines und San Juan de Nicaragua.

5. Die Republik Neu-Granada (bis 1830 Theil von Kolumbien) hat für ihre Handelsgesetzgebung viel gethan, und es wird nicht überflüssig sein, auf die Hauptverordnungen aufmerksam zu machen. Die De-

---

*) Preußische Staatszeitung. Jahrg. 1837.

krete vom 14. Mai 1828, 8. Mai 1829, 14., 20. März und 22. Mai 1832 führten einen ad valorem-Zolltarif ein, welcher wesentliche Änderungen durch das Dekret vom 2. Juni 1833 erfuhr. Durch dieses wurde namentlich verordnet:

1. Fremde Schiffe zahlen eine Abgabe von 12 Realen per Ton; einheimische aus fremden Häfen kommende, von 8 Realen per Ton. *)
2. Alle fremden Waren werden unter 3 Klassen gebracht, wovon die 1ste resp. 15 Prozent (mit einheimischen Schiffen) und 20 Prozent (auf fremden Schiffen) bezahlt; die 2te resp. 20 Prozent und 25 Prozent; die 3te resp. 30 Prozent und 35 Prozent vom Werthe.
3. Unter den einem besonderen Zollsatze unterworfenen Gegenständen befindet sich Weizenmehl, wovon der Barril 64 Realen Eingangszoll unterliegt, mit 5 Prozent Aufschlag, wenn in fremden Schiffen.
4. Beim Transit über den Isthmus ist eine Abgabe von 2 Prozent des Werths zu erlegen; (zu vergl. Dekret vom 18. August 1834.)
5. Die Erzeugnisse der Republik, mit Ausnahme ebler Metalle, sind einem Ausgangszolle nicht unterworfen.

---

*) Weber im histor.-statist. Jahrbuche, dritter Doppel-Jahrgang, führt Seite 222 an, daß nach einem Gesetze vom 30. Mai 1834 für Mehl das Tonnengeld für einheimische Schiffe von 8 Realen auf 4, für fremde von 12 auf 8 Realen herabgesetzt sei. Diese Bestimmung haben wir nicht aufzufinden vermocht.

Ein Dekret vom 22. August 1834 enthält Bestimmungen über die Entrepots zu Carthagena und Panama; ein Dekret vom 20. Mai 1835 erklärt St. Martha zum Entrepot-Hafen. Durch das Gesetz vom 13. Mai 1835 ist festgesetzt, daß die unter dem Namen Alcabale bekannte sehr drückende Abgabe nur ein Mal, und zwar bei der ersten Einführung von Waren, mit 7 Prozent vom Werthe erhoben werden soll. Nach dem Tarif der Werthbestimmungen vom 16. Juni 1835 wird der Werth von Weizenmehl per halbe Barril zu 6 Piaster angenommen (jedes Barril von netto 7 bis 8 Arroben).

Um die Industrie zu beleben, bewilligt das Dekret vom 26. Mai 1835 Ausfuhrprämien, unter andern auf Reis pro quintal 4 Realen, auf Maismehl 2 Realen; die näheren Bestimmungen enthält ein Dekret vom 29. desselben Monats.

Verschiedene gleichfalls im Jahre 1835 erlassene Dekrete legen einzelnen Orten die Rechte von Ausfuhrhäfen bei und durch Dekret vom 6. Mai 1836 sind auch Montijo und Bocachica zu Einfuhrhäfen erklärt.

Ein Gesetz vom 25. Mai 1836 bestimmt über Gewichte und Maßen; das Gesetz vom 27. Mai 1835 über die Anlage eines Kanals *) durch die Landenge von Panama, und ein Zweites erklärt für den Fall der Ausführung einer solchen Anlage, Panama und Portobelo für Freihäfen. —

―――――――

*) Allgemeines Organ für Handel und Gewerbe.

Außer dem Einfuhrzolle und der Alcabala, gibt es noch einige Nebenabgaben, wie z. B. das Weggeld (caminos), welches früher Handelsabgabe genannt wurde. Die Kolli dürfen wo möglich 150 Pfund Gewicht nicht übersteigen, damit deren Transport auf Mauleseln in's Innere erleichtert wird. —

Obgleich schon allein die Hochebene, auf welcher Bogota liegt, im Stande sein würde, mindestens die ganze Republik mit Getreide zu versehen, wird doch noch viel Mehl eingeführt, theils der schlechten Mühlen, theils des spärlichen Anbaues des Weizens wegen. Die hauptsächlichen Häfen am atlantischen Ocean sind: Panama, Portobelo und Carthagena.

6. **Venezuela**, gleichfalls früher Theil von Kolumbien, hat durch Gesetz vom 12. Mai 1834 Schifffahrts-Abgaben eingeführt, die für ein Schiff von 300 Ton, welches auslädet und Rückfracht einnimmt, wenn es ein einheimisches oder demselben gleich zu achtendes ist, zusammen 108 Dollar 75 Cents, für ein nicht begünstigtes Ausländisches 232 Doll. 25 Cts. betragen.

Ein Gesetz vom 12. Mai 1834 eröffnet folgende Häfen der Ein- und Ausfuhr:

    Angostura in der Provinz Guayana,
    Carupano ⎫
    Cumana   ⎬ in der Provinz gl. N.
    Barcelona ⎭
    La Guayra in der Provinz Caracas,
    Puerto Cabello in der Provinz Carabobo,

La-Vela in der Provinz Coro,

Maracaibo in der Provinz gl., N.

Ein Zweites vom selbigen Tage enthält ein Douanen-Reglement; ein Drittes bestimmt über die Cabotages; ein Viertes über die Konfiskationen; ein Fünftes setzt fest, daß die zu Puerto Cabello eingeführten Waren ½ Prozent Zulage-Zoll entrichten sollen; ein Sechstes bestimmt den Werth verschiedener Münzen.

Endlich ist unter dem 12. Mai 1834 ein sehr ausführlicher Zolltarif publicirt, wonach unter Andern Weizenmehl (in Barrils von 7 bis 8 Arroben) vom Barril eine Eingangs-Abgabe von 400 Cents tragen soll. — Das Gesetz vom 24. Februar 1836 erhöht die Ansätze dieses Tarifs für die nächsten zwei Jahre (vom 1. April 1836 an) um 10 Prozent.

Venezuela ist die reichste, bestgelegene und an Bildung jeder Art am meisten vorgeschrittene der drei Republiken, in welche Kolumbien zerfallen ist *). Mit der steigenden Kultur des Bodens, der Gewerbe und der Sitten, haben sich auch die Bedürfnisse gemehrt, und der Verkehr Deutschlands theils direkt nach La Guayra, Puerto Cabello, Angostura und Maracaibo, theils über den Freihafen St. Thomas, ist schon jetzt beträchtlich. Zu den Einfuhr-Artikeln gehört auch Weizenmehl, zu den Exporten vorzüglich Tabak, Kaffee, Baumwolle, etwas Häute und Färbeholz.

7. Der innere Verkehr der Republik Ecuador könnte bei der großen Verschiedenheit des Klima's und

---

*) Bremische Blätter, Heft V.

der Produkte seiner einzelnen Theile sehr bedeutend sein, wenn nicht der Zustand der Wege, die den größten Theil des Jahres fast unpassirbar sind, den Transport im hohen Grade erschwerten und vertheuerten, was ohnehin schon dadurch geschieht, daß alle Waren durch Esel, Maulesel, Ochsen oder Pferde auf dem Rücken fortgeschafft werden müssen. In keinem Staate Südamerika's ist der Ackerbau auf so hoher Stufe als in demjenigen Theile der Republik Ecuador, welcher auf den Hochebenen der Anden liegt. Diese und namentlich Guaranda und Rio Bamba liefern nach den tropischen Gegenden Mehl, Kartoffeln, Butter u. s. w. und erhalten dafür Kakao, Reis, Salz, Tabak u. s. w. Weizenmehl kostet in Quito, Hambato und Rio Bamba per Pfund etwa 7 Pfennig, Gerstenmehl (die fast einzige Nahrung der Indier) die Hälfte. Die wohlhabenderen Einwohner geben dem Mehle der Nordamerikaner, welches deshalb häufig eingeführt wird, den Vorzug, weil es weißer ist; allein sie empfangen dasselbe, wie auch überhaupt alle Waren Europa's, weniger direkt als über Lima, Valparaiso, New-York und Panama. Fast alle Kaufleute der Republik machen an den ersten beiden Plätzen ihre Einkäufe, und geben dafür Kakao, China, Leder und Silber.

Der bedeutendste und einzig bedeutende Seehäfen ist Guayaquil am stillen Ocean. Es führt jährlich nur an Kakao für 400,000 Piaster aus, dann auch bedeutende Quantitäten sehr schöner Strohhüte. Die meisten in diesem Hafen eingeführten europäischen Waren sind für den Markt zu Quito bestimmt, der die ganzen benachbarten Cordilleras versorgt. Die Waren müssen in Kollis von 2 Fuß 3 bis 4 Zoll Länge und etwa 15 Zoll Breite verpackt und gehörig in Wachstuch gewickelt sein, auch nicht über 100 Pfund wiegen. Zwei dieser Kollis machen eine Carga für ein Maulthier, und von einer solchen Carga kostet der Transport von Guayaquil nach Quito, bei günstiger Jahreszeit, 8 Piaster. Die Reise dauert gewöhnlich 20 bis 25 Tage.

8. Unter den Importen in Peru spielt Mehl eine große Rolle, denn in den letzteren Jahren beliefen die Eingangszoll-Einnahmen von diesem einzigen Artikel, der etwa 30 Prozent des Werths zahlt, sich auf 750,000 Piaster. So lange die Handels-Verhältnisse zwischen Peru und Chili durch keinen Vertrag festgesetzt sind, werden die Nordamerikaner mit Vortheil Mehl dorthin senden können, obgleich der Preis desselben auf den Märkten von Valparaiso und Concepcion gewöhnlich nicht hoch steht. Die Hauptausfuhr Peru's geschieht über Callao und Arica, welches letztere jedoch auch vorzüglich Erzeugnisse Boliviens verführt, und sie besteht nach Europa außer Gold und Silber nur in Salpeter. Baumwolle, Zucker, Kaffee, Kakao, Indigo, Tabak, gehen nach anderen Theilen Südamerika's. — Die Schifffahrts-Abgaben betragen in dem ersten Hafen, welcher berührt wird, 65 Franks. Unter dem 6. November 1833 ist ein Handels-Reglement erlassen. Im Hafen von Arica ist durch Dekret vom 22. April 1836 ein Entrepot errichtet. Das Lagergeld für jedes Collo ist 2 Realen monatlich; das Maximum der Lagerung 2 Jahre. Nachdem Südperu in nähere Verbindung

mit Bolivia getreten ist, wurde durch Dekret vom 21. Juni 1836 Arica für eine beiden Staaten gemeinschaftliche Douane erklärt, bei welcher für die nach Bolivia bestimmten Waren eine Transito-Abgabe von 5 Prozent des Werths, erhoben wird.

9. Die Republik Bolivia, welche nur verhältnißmäßig wenig Küstenland besitzt, ist schon seit einer Reihe von Jahren bemüht gewesen, ihren Hafen La Mar (Cobija) am großen Ocean, durch große Begünstigungen zu einem der Hauptstapelplätze Südamerika's zu machen. Bereits im Jahre 1829 wurde La Mar zum Freihafen erklärt, und die Dekrete vom 3. October 1832 und 1. Januar 1833 enthalten darauf sich beziehende Bestimmungen, wonach alle dort eingehenden Schiffe und Waren von jeder Abgabe befreit sind, und Letztere nur bei ihrem Transporte in's Innere des Landes einer Alcabala von 5 Prozent des Werths unterliegen. Mehreren inländischen Produkten und Fabrikaten sind zugleich Ausfuhrprämien bewilligt, jedoch ist am 10. April d. J. die Ausfuhr der dort besonders guten Chinarinde Beschränkungen unterworfen worden. Durch Dekret vom 27. Februar 1835 hat der Präsident Santa Cruz verschiedene Preise zur Aufmunterung der Industrie ausgesetzt, und durch Beschluß vom 16. Mai 1837 ist der bisher 50 Prozent vom Werth betragende Einfuhrzoll von fremden Manufaktur-Waren auf 30 Prozent reduzirt, welche überdem nur zur Hälfte beim Löschen der Ladung und zur anderen Hälfte nach Monatsfrist bezahlt zu werden brauchen.

10. Obgleich die Republik Chili anstatt Korn

zu bedürfen, dessen ausführt, z. B. nach Peru, und vielleicht auch bald dahin kommen wird, ihren Mehl= bedarf selbst zu erzeugen, wird doch nicht ohne Interesse sein, einige Worte darüber zu sagen. Wenn auch Valdivia und Concepcion weit vorzüglichere Häfen be= sitzen, ist doch allein Valparaiso *) für den auswärtigen Handel von Wichtigkeit, weil es der Hauptstadt des Landes St. Jago näher liegt und der Hauptniederlags= ort aller einheimischen Produkte ist. Außer Weizen, der vorzüglich nach Callao und Panama geht, sind Talg, Häute, Kupfer und edle Metalle, Indigo, Wolle und Saffaparilla die vorzüglichsten Ausfuhr=Artikel. Die Zölle sind mäßig; durch das Gesetz vom 22. April 1833 ist in Valparaiso ein Entrepot errichtet, und für die gelagerten Waren wird im ersten Jahre eine Abgabe von 3 Prozent, im zweiten von 2 Prozent, im dritten von 1 Prozent entrichtet. Ein Gesetz vom 11. Oktober 1836 bestimmt die Strafen für Übertretungen der Doua= nen=Reglements; ein Gesetz vom 7. August 1834 die Schifffahrts=Abgaben (Ankergeld 2 Piaster, Tonnengeld 2 Realen per Ton, Krahngeld 2 Piaster). Unter dem 26. November 1836 ist ein Tarif der Werthbestim= mungen der Waren erlassen, welcher dem Douanen= Gesetze vom 8. Januar 1834 zur Grundlage dienen soll.

11. Die Republik La Plata (Buenos Ayres) hat folgende sehr vollständige Gesetze über Einfuhr= und Ausfuhr=Zölle, Hafen=Einrichtungen und Abgaben,

---

*) Nach dem Precio corriente general kostete Harina flor am 15. März 1835 in Valparaiso 9 à 9¼ Piaster.

erlassen; unter dem 26. Dezember 1833, dem 14. Januar 1835 und dem 18. Dezember 1835. In letzterer Verordnung ist namentlich die Einfuhr von Weizen und Mehl verboten und deshalb ferner bestimmt:

1. Wenn der Weizenpreis über 50 Piaster gestiegen ist, so wird die Regierung einem Jeden, der darum ersucht, eine Einfuhrlizenz unter Bestimmung, wie lange solche dauern soll, geben.
2. Trotz des im Kap. 2. bestimmten Verbotes von fremdem Mehl, soll dieses doch für eine unbestimmte Zeit in Depot gelegt werden dürfen, um dann zollfrei wieder eingeschifft zu werden.
3. Mit dem Löschen, Empfangen und Wiederverladen solchen Mehles soll es ganz so gehalten werden, wie mit den anderen zu Markt gebrachten Waren.
4. Die Magazine, wo es abgesetzt wird, sind für davon in Kenntniß zu setzen haben, der dann auch
5. Die Douane ist für keine Art des Verderbens der Ware verantwortlich, hat auch nichts mit der Lagermiethe ꝛc. zu thun.
6. Der Zolleinnehmer sieht alle vier Wochen, und auch sonst, wenn er es für gut findet, die Zahl der Mehlfässer nach.

Eine anscheinend gegen den Handel, namentlich von Montevideo gerichtete Verfügung vom 4. März 1836, bestimmt in einzelnen Fällen Erhöhung der Tarifsätze um $\frac{1}{4}$; so wie unter dem 2. September 1837, zur Deckung der Kriegskosten, ein erhöhter Zoll von 2 Prozent auf alle Artikel, welche zuvor 10 bis 17 Prozent und von 4 Prozent auf solche, welche zuvor 24 Prozent und mehr entrichteten, gelegt ist. Diese Bestimmung tritt jedoch für die Länder nördlich von der Linie erst nach 8 Monaten in Kraft.

Der wichtigste Platz für den auswärtigen Handel ist Buenos Ayres, und die Exporten des Staats, in Häuten, Haar, Wolle, Talg, Hörnern u. s. w. bestehend, nehmen fast ausschließlich ihren Weg über diese Stadt. Noch bis vor wenigen Jahren wurde die Republik von Nordamerika aus mit Mehl versorgt, allein das hat sich jetzt geändert. Die in den Jahren 1827 und 1828 auf den Kanarischen Inseln herrschende große Trockenheit bewog nämlich viele dortige Einwohner zur Auswanderung nach Buenos Ayres; sie begannen den Getreidebau und zwar mit solchem Erfolge, daß sie jetzt die ganze Gegend damit versehen, und namentlich davon nach Brasilien und den Parana hinauf versenden. Die zwei Ernten sind im September und im Februar. Demungeachtet sollen im Jahre 1834 zu Buenos Ayres und Montevideo noch 20 bis 30,000 Faß fremdes Mehl angebracht worden sein.

Nach dem Preiscourant von Zimmermann, Frazier und Comp. kostete am 9. Juni 1837 am Lande in Buenos Ayres, Weizenmehl per Faß 60 Rthlr.

12. Der letzte der in Südamerika bei der vorliegenden Frage in Betracht kommenden Staaten ist die Republik Oriental del Uruguay. Wenige Theile von Südamerika haben einen so schönen und fruchtbaren Boden, als die Banda Oriental. Die Erde besitzt

alle Eigenschaften, um mit Überfluß die ihr anvertrauete Saat zurückzugeben, allein die geringe Zahl der Bewohner, und deren Abneigung gegen den Landbau, lassen diesen großen Vortheil unbenutzt. Von allen Produkten würde der Anbau des Getreides am meisten lohnen, namentlich des Weizens, wenn dieser nicht einen furchtbaren Feind in einer unter dem Namen Polvillo bekannten Krankheit hätte. Alle diese Umstände bewirken, daß das Mehl Nordamerika's unter den Einfuhren eine große Rolle spielt. Während des Jahrs 1831 sind in Montevideo 18,504 Barrils, 1832 21,417 Barrils, 1833 26,705 Barrils Mehl von dorther eingeführt, zu dem Durchschnittspreise von 11 Piaster. Der einzige Ausfuhr-Artikel von Belang sind Thierhäute.

Das in Uruguay jetzt geltende Douanen-Gesetz ist vom 12. Juni 1833, und bestimmt unter Andern Folgendes:

1. Die dem auswärtigen Handel geöffneten Häfen sind Maldonado und Montevideo.
2. Ein Entrepot ist nur in Montevideo, mit einem mäßigen Tarife.
3. Fremdes Mehl zahlt bei seiner Einfuhr eine Scalen-Abgabe, begründet auf den Preis des Weizens in der Republik. Wenn nämlich die Fanega Weizen kostet

2 bis 3 Piast. werden v.d.BarricaMehl entrichtet 8 Piast.
3 » 5 »   »   » »   »   »   »   6 »
5 » 7 »   »   » »   »   »   »   4 »
7 » 9 »   »   » »   »   »   »   2 »
mehr als 9 »   »   » »   »   »   »   1 »

4. Außerdem 3 Prozent vom Werthe, bestimmt zum Einwechseln des Kupfergeldes.

Ein Dekret vom 27. Jan. 1833 enthält Bestimmungen über die beizubringenden Manifeste, worauf auch Dekrete vom 29. und 31. August 1835 sich beziehen; durch Dekret vom 11. Febr. 1837 ist in einzelnen Fällen das Kreditiren der Zollabgaben gestattet.

Montevideo behandelt die Flaggen aller Nationen auf gleichem Fuße; dem Konsulate gebührt unter dem Namen einer Abgabe de averia, 1 Prozent vom Werth und ein Ankergeld (de arqueo) von 3 Realen per Ton.

13. Nach dem Gesetze 6. George IV. Cap. 114. §. 2, sind folgende Häfen der britischen Besitzungen in Südamerika und Westindien zu s. g. Freihäfen erklärt;*) was jedoch nicht mehr bedeutet, als daß Waren in dieselben und aus denselben, auch auf andern als britischen Schiffen geführt werden dürfen:

auf Jamaika: *Kingston, Savannah, la Mar, *Montego-Bai, Santa Lucia, Antonio, Saint Ann, Falmouth, Maria, Morant-Bai, Annotto-Bai, Black-River, Rio-Bueno, Port-Morant und Old Harbour;

auf Grenada: *St. George;

auf Dominica: *Roseau;

auf Antigua: St. Johns;

auf Trinidad: *San Josef;

---

*) A statistical account of the British Empire by Mc Culloch, London 1837. II. Vol. Ellis the laws and practical regulations of the customs. IV. Vol. London 1837.

auf Tabago: Scarborough;
auf Tortola: *Road-Harbour;
auf Neu-Providence: Nassau;
auf Crooked-Island: Pitt's Town;
auf St. Vincent: *Kingston;
auf Bermuda: *Port St. George und Port Hamilton;
auf den Bahamas: *Grand Key — so wie jeder
  Hafen, wo sich ein Zollhaus befindet;
auf Barbadoes: *Bridgetown;
auf Anguilla: Anguilla;
in Demerara: George Town;
in Berbice: New-Amsterdam;
auf St. Lucia: *Castries;
auf St. Kitts: *Basseterre;
auf Nevis: *Charles Town;
auf Montserrat: Plymouth;

*) Die mit einem * bezeichneten Häfen sind zugleich Warehousing Ports. In diese Häfen dürfen diejenigen Staaten, mit welchen Großbritannien Verträge deshalb abgeschlossen hat, die Erzeugnisse ihrer Heimathsländer einführen (Hannover kraft Vertrages vom 16. Juli 1827.); jedoch ist der größte Theil derselben einer Eingangs-Abgabe unterworfen, welche (nach 3. und 4. Wilh. IV. Cap. 59.) vom Weizenmehl per Barrel 5 Sh. beträgt. Mehl aus den britischen Besitzungen in Nordamerika oder aus einer Niederlage des vereinigten Königreichs eingeführt, ist dagegen frei.

Weizen erlegt vom Bushel *) 1 Sh., Mehl an-

---

*) 8 Bushel = 1 Imp. Quarter = pp. $\frac{1}{10}$ Last. Han.

berer Art als von Weizen 2 Sh. Zoll. Der Preis des Weizenmehls war damals per Faß von 196 Pfund in den vereinigten Staaten 1 Lst. 1 Sh., in Quebeck 1 Lst. 5 Sh. 5 Den., Weizen galt in Quebeck per Bushel 4 Sh. 8 Den. bis 5 Sh., in New-Braunschweig kostete der Bushel Weizen 5 bis 10 Sh., Weizenmehl per Faß 1 Lst. 2 Sh. 6 Den. Die allgemeine Handelszeitung ließ sich unter dem 23. August 1836 aus Jamaika schreiben, daß deutsches Mehl von London dort 83 Sh. 4 Den. und in zweiter Hand 90 bis 93 Sh. 4 Den.; Amerikanisches 105, 108 bis 139 Sh. koste: während wenn das Vermahlen fremden Korns zur Ausfuhr, in England gestattet wäre, Mehl bester Sorte von Danziger Weizen, zu 24 Sh. per Barrel an Bord geliefert werden könnte. Die Hauptausfuhren der britischen Kolonien in Südamerika und Westindien bestehen in Zucker (jährlich fast 4,000,000 Ztr.) Kaffee (jährlich etwa 27,000,000 Pfund) und Rum (jährlich ungefähr 6,500,000 Gallons) (zu vergl. R. Montgomery Martin die britischen Kolonien, deutsch vom Dr. Frisch, Leipzig 1836.)

Es wird nicht überflüssig sein, auch auf die britische Kolonie an der Honduras-Bai mit dem Hafen Balize aufmerksam zu machen, weil von dort aus ein gewinnreicher Verkehr mit Mexico und Guatimala getrieben wird.*) Fremde Waaren geben dort einen Zoll von 5 Prozent, englische von 1 Prozent, die Schiffe und Produkte der

---

6 Bushel = 1 Boll.
1 Quarter = 290,78 Litres.
*) Hannoversche Zeitung.

nordamerikanischen Freistaaten und fremder Kolonien sind angeblich ausgeschlossen. Eine Schwierigkeit liegt darin, daß ein Fremder Nichts unter eigenem Namen einführen kann, sondern Alles an ein englisches Haus konsigniren muß, dem er dafür 5 Prozent des Werths, außerdem aber gewöhnlich 10 Prozent Garantie und 1 Prozent Lagergeld bezahlt.

Daß die hier in Frage gekommenen Kolonien bedeutende Quantitäten fremden Mehls bedürfen, ist bekannt, wie viel ist nicht zu ermitteln gewesen.

14. Die spanischen Kolonien in Amerika, einst von so großer Ausdehnung, beschränken sich jetzt auf die allerdings sehr wichtigen Inseln Cuba und Puertorico. Auf Cuba ist Havannah mit einem der schönsten Häfen Amerika's bekanntlich einer der wichtigsten Handelsplätze dieses Welttheils; auch Matanzas und San Jago de Cuba (welches durch Dekret vom 26. März 1834 ein Entrepot gleich Havannah erhielt) haben bedeutenden Verkehr. Auch auf Puertorico besitzt die Stadt San Juan einen vortrefflichen Hafen und blühenden Handel.

Die Haupt=Ausfuhr=Artikel der Insel Cuba *) bestehen in Zucker, Kaffee, Tabak, Wachs, Honig, Syrup. Die Zucker=Exportation ist auf jährlich 250,000,000 Pfund, die Kaffee=Ausfuhr auf 60,000,000 Pfund; die Ausfuhr von Tabak auf 1,000,000 Dollar an Werth; von Syrup auf 70 bis 80,000 Oxhoft zu

---

*) Leuchs Handelszeitung, Jahrg. 1836. Magazin für die Literatur des Auslandes, Berlin.

berechnen. "Obgleich, namentlich seit der Vertheilung der Staatsländereien, der Boden besser bearbeitet wird, als früher, und auch z. B. im Mittelpunkte der Insel zwischen Villa Clara und Villa del Principe viel Weizen und Reis gebaut wird; so gehört doch Mehl zu den Haupt=Einfuhr=Artikeln und im Jahre 1831 wurden 1,600,000 Rthlr. Mehl und Zwieback eingeführt. Die Insel Cuba empfing im Jahre 1827 an Getreide und Hülsenfrüchten für an Werth 2,921,939 Doll., wovon für 2,840,608 Doll. daselbst blieben und für 81,330 Doll. wieder ausgeführt wurden.

Puertorico exportirt Zucker für jährlich etwa 1,400,000 Doll. an Werth; Kaffee für 1,350,000 Doll.; Tabak für 140,000 Doll.; Syrup für 80,000 Doll.; Baumwolle für 60,000 Dollar. Sein fast hauptsächlichster Einfuhr=Artikel ist Mehl. Die Aussichten für den Mehlhandel würden hiernach sehr günstig sein, wenn nicht die übertriebene Begünstigung der spanischen Flagge im Handel mit ihren westindischen Kolonien, fast einem Monopole gleich käme. So entrichtet feines Mehl auf fremden Schiffen eingebracht 12 Prozent vom Werthe, auf spanischen Schiffen nur $1\frac{1}{4}$ Doll. per Faß; welche Differenzial=Taxe etwa 12 Rthlr. per Tonne betragen soll. Die Nordamerikaner haben durch diese Zollsätze vorzüglich zu Repressalien sich bewegen lassen.

Auch hinsichtlich der Ausfuhrzölle sind die Spanier begünstigt.

Ferner zahlen spanische Schiffe 5 Realen per Ton Tonnengeld, fremde 20 Realen (nach anderen Angaben

12 Realen); Hafengelder erlegen spanische Schiffe täglich 6 Realen, fremde 10 Realen für jede 100 Ton Gehalt; die Entrepot-Gebühren sind 2 Prozent des Werths.

Die Folge dieser Bestimmung ist gewesen, daß während spanische Schiffe in Hamburg 36 bis 38 Doll. per Last Fracht nach Havannah bewilligt erhalten, und deutschen Schiffen früher mindestens 16 bis 18 Doll. gezahlt wurde, Letztere jetzt nicht mehr als den vierten Theil dieser Fracht erhalten können. Die deutschen und dänischen Schiffe sind dadurch aus dieser Fahrt so gut wie verdrängt.

Übrigens kann seit dem 1. Januar 1834 das verzollte Mehl ohne Geleitschein und ohne fernere Abgabe in das Innere der Insel gebracht werden; und nach einer Entscheidung vom 22. December 1835 sind die mit Haverie zum Zwecke nur des Ausbesserns eingehenden Schiffe von Tonnengeld frei.

Europäische Waren werden auf 3 bis 6 Monat Zeit verkauft, Exporten gegen baare Zahlung; Verkaufsprovision ist 5 Prozent und für Retouren an den Kommissionair 2 bis 2½ Prozent.

15. Die französischen Kolonien in Amerika bestehen bekanntlich in der Insel Guadeloupe (Haupthäfen: Basse Terre und Pointe à Pitre); der Insel Martinique (Häfen St. Pierre und Fort Royal) und dem französischen Theile von Guyana (Hafen: Cayenne). Soweit in Erfahrung zu bringen gewesen, besteht für diese Kolonie noch das Monopol Frankreichs, sie mit seinen Waaren zu versehen, aufrecht erhalten durch hohe Differential-Zölle; wodurch wohl bewirkt sein mag, daß

Frankreich jährlich für etwa 3,000,000 Franken Getreide und Mehl nach seinen Kolonien ausführt. In Bordeaux kostete Weizenmehl am 1. November d. J. per 50 Kilogr. 18,50 à 19,25 Franken. Von Havre aus namentlich wird ein bedeutender Mehlhandel mit den französischen Antillen getrieben; die Barrils haben ein Nettogewicht von 88 Kilogramm. Frankreich hat vom 1. Januar bis 1. October d. J. ein= und resp. ausgeführt, in metr. Ztr.

  Einfuhr 209,852 Weizen 19 W.Mehl.
  Ausfuhr   29,898 »   84,464 » »
in Entrepot
  verblieben 38,333 »   6386 » »

Frankreich scheint hiernach fremden Weizen fast nur behuf des Mehlexports einzuführen. Es empfängt dafür die bekannten Produkte der tropischen Länder, welche jedoch auch nur über bestimmte Häfen eingeführt werden dürfen.

  Durch eine Königliche Ordonnanz vom 10. October 1835 sind selbst die französischen Waren beim Eingange in den Kolonien mit einem Werth=Zolle von $3\frac{0}{0}$ belegt und auf einigen derselben lastet außerdem ein Octroi.

  Die kommerzielle Abhängigkeit der französischen Kolonien vom Mutterlande kann kaum greller geschildert werden (obgleich dieses keinesweges die Absicht war) als in dem Berichte der Kommission der Deputirten=Kammer über das Gesetz vom 12. Juli d. J., welches die Regierung ermächtigt, wirkliche Entrepots (des entrepôts réels de douanes) auf den Antillen zu schaffen.

Diese Entrepots erleichtern nämlich nur die Lagerung von außereuropäischen Waren, und zwar nur zur Wiederausfuhr nach anderen als französischen Besitzungen.

16. Von den dänischen Kolonien in Westindien, den Inseln St. Thomas,*) St. Croix und St. Johann, besaß bis vor wenigen Jahren nur Erstere einen Freihafen; die Verordnung vom 6. Juni 1833 legt auch den Häfen Christianstadt und Friedrichsstadt auf St. Croix diese Eigenschaft bei, und bestimmt ferner unter Anderen Folgendes:

a) Statt aller bis dahin bestandenen Schiffsabgaben, wird nur ein sehr ermäßigtes Hafengeld nach der Trächtigkeit der Schiffe erlegt.

b) Alle Waren, sie mögen kommen, woher sie wollen, können eingeführt werden, entweder zollfrei, oder gegen näher angegebene mäßige Zollsätze, worunter gegen eine Abgabe von 5 Prozent vom Werthe, Mehl.

c) Die Ausfuhr aller Waren kann in Schiffen aller Flaggen geschehen und zwar frei, außer von eingangszollfreien Waren, welche 1 Prozent zahlen, von Zucker, welcher $12\frac{1}{2}$ Prozent und von Rum, der 5 Prozent erlegt. Bei der Ausfuhr von eingeführtem Kaffee und Tabak werden $\frac{1}{4}$ des Zolls erstattet.

---

*) Mehlsendungen aus Deutschland nach St. Thomas, welche im Monat September d. J. dort eintrafen, haben, in Folge der durch den Orkan auf den Westindischen Inseln angerichteten Verwüstungen, bedeutenden Gewinn gebracht.

d) Exporten nach Dänemark und Importen von daher genießen einige Vorzüge.

e) Stempelpapier wird nicht angewandt, die Sporteln sind äußerst gering.

Alle diese Begünstigungen finden auf St. Thomas in noch ausgedehnterem Maße Statt, woraus leicht gefolgert werden kann, daß diese Freihäfen die Niederlagen großer Mengen sowohl europäischer Waren, als der Erzeugnisse Amerika's sind.

17. In Beziehung auf die schwedische Insel St. Barthelemi ist nur zu erwähnen, daß der zur Stadt Gustavia gehörige Hafen Carenage gleichfalls die Rechte eines Freihafens genießt, mithin auch dessen Vortheile darbietet. *)

18. **Niederländische Kolonien in Amerika.** **) Sie sind im Einzelnen noch ziemlich unbekannt, weshalb nicht ohne Interesse sein dürfte, etwas mehr als für den Zweck dieser Abhandlung erforderlich ist, aus Originalquellen mitzutheilen.

---

*) Balbi Abrégé de Géographie; 1834.
**) Grave van Hogendorp. Bijdragen tot de Huishouding van Stadt in het Koningrijk der Nederlanden — s'Hage 1818 — 25. X Theile. — de Vries Verhandeling over den Nederlandschen Koophandel; te Haarlem 1827. — Tydemann (v. Hogendorp) Advijs over de Verhandeling over de oorzaken van het verval des Nederlandschen Handels enz. te Haarlem 1828. — Drieling Bijdragen betrekkelijk Nederlands Zeevaart en Handel; s'Hage 1829. — van Houten de Koophandel; Amsterdam 1836.

Sie bestehen aus:

a) dem Gouvernement Suriname (490½ QM. mit 57,000 Einw.), durch den Maronifluß im Osten vom französischen, im Westen durch den Corentijn vom britischen Guyana getrennt;

b) dem Gouvernement Curaçao (6¼ QM. mit 12,400 Einw.), welches die Inseln Curaçao, Aruba, Aves und Bonaire (Buen-Ayre) umfaßt;

c) dem Gouvernement St. Eustach (9 QM. mit 13,700 Einw.), die Inseln St. Eustach (Eustaz), Saba und den holländischen Theil von St. Martin begreifend.

Die Erzeugnisse von Suriname sind auf ungefähr 600 größeren und kleineren Plantagen jährlich etwa 25,000,000 Pfund Rohzucker, 40,000,000 Pfund Kaffee, 2,000,000 Pfund Baumwolle und einige und 50,000 Pfund Kakao; wovon das Meiste in durchschnittlich 75 bis 80 Schiffladungen auf Schiffen von durchschnittlich 420 Ton Trächtigkeit, nach dem Mutterlande geht. Aus holländischen Häfen empfangen dagegen die Kolonien: Fleisch, Speck, Butter, Käse, Bier, Branntwein, Mehl, Leinen, Eisen, Wollenwaren u. s. w. Nach einer anderen Angabe soll Nordamerika einen Theil der Lebensbedürfnisse liefern, und im Jahre 1825 z. B. 37 Schiffe von dorther eingelaufen sein.

Auf den Inseln sind namentlich St. Eustach als Freihafen und Willemstadt für den Handel von Wichtigkeit, zwar früher wegen des Schleichhandels nach dem spanischen Amerika mehr als augenblicklich; jedoch durch ihre Lage zur Anknüpfung eines gewinnreichen Verkehrs mit den frei gewordenen Staaten besonders geeignet.

Im vorigen Jahrhundert- und zwar bis 1774, bestand eine holländisch-westindische Kompagnie, welche ausschließlich das Recht der Schifffahrt und des Handels mit den eben gedachten Kolonien hatte; jetzt besteht zwar auch eine in neuerer Zeit (1828?) errichtete westindische Maatschappij, welche ihren Sitz in Amsterdam hat, jedoch ohne Monopol, indem jeder Niederländer mit den Kolonien verkehren kann. Durch Königliches Dekret vom 9. Januar 1835 wurde ein Beschluß dieser Gesellschaft genehmigt, wonach der Art. 53. der Statuten (welcher eine jährliche feste Zinszahlung von 4 Prozent an die Aktionaire vorschrieb) aufgehoben wird.

Das Verbot des Sklavenhandels und die Freilassung der Sklaven außerdem, hat auch auf die Verhältnisse von Suriname einen sehr wesentlichen Einfluß gehabt. Da dasselbe jedoch für den Anbau tropischer Gewächse sehr günstigen Boden besitzt (besonders ausgezeichnet in dem Distrikte Nikkerie); da die vorhandenen vielen Flüsse und Kanäle schon bessere Kommunikationsmittel darbieten, als in den benachbarten Theilen Südamerika's vorhanden sind; da Fleiß und Ausdauer bekanntlich ein Grundzug des Karakters der Holländer ist; da endlich durch die Anerkennung der drei kleinen Negerstaaten, der Aukas, Saramecas und Cotticas, die innere Ruhe gesichert erscheint: — so möchte die Kolonie Suriname schneller als ihre Nachbaren von Wichtigkeit auch für den deutschen Handel werden. Hindernisse ihres Aufblühens waren noch vor einigen Jahren:

a) daß fast alle Eigenthümer der dortigen Plantagen in Holland wohnen, ihre Geschäfte aber durch Administratoren besorgen lassen, die in Paramaribo sich aufhalten, eine Menge solcher Administrationen führen, und deshalb ebenfalls nicht im Stande sind, die Verwalter der einzelnen Plantagen gehörig zu kontroliren;

b) daß ein großer Theil der Erzeugnisse dieser Plantagen (namentlich Banannen) beträglicher Weise unter der Hand verkauft wird;

c) daß die Plantagen alle ihre Bedürfnisse an europäischen Waren aus den Packhäusern von Paramaribo nehmen, statt sie besser und billiger direkt durch die Eigenthümer zu beziehen;

d) eine Kolonial=Schuld von 60 bis 80,000,000 Fl. Holl.

19. Der letzte, hinsichtlich des Mehlhandels in Betracht kommende Staat Amerika's ist die Neger=Republik Hayti, seit 1822 die ganze, vormals St. Domingo genannte westindische Insel umfassend; 1385 QM. mit etwa 900,000 Einwohnern.*) Die wichtigsten Häfen sind: Port au Prince, Cap Haitien, Gonayves, Jacqmel, Aux Cayes, Domingo, Porto Plata. Das bei weitem wichtigste Erzeugniß der Insel ist der Kaffee**), dessen Produktion jedoch von 68,000,000 Pfund auf 40,000,000 Pfund gesunken ist, wie man sagt, in Folge der Arbeitsunlust der Bewohner; dann

---

*) Röding's Zeitschrift Columbus.
**) Augsburger Allgemeine Zeitung.

folgt das Mahagoniholz, obgleich dessen schöne Vorräthe wegen der schlechten Kommunikationsmittel nicht so ausgebeutet werden, als dies mit großem Vortheile durch die Anlage von Sägemaschinen und Versendung in Brettern geschehen könnte; ferner wird auch für 80 bis 90,000 Gourdes (spanische Thaler zu 100 Cents, etwa 1 Rthlr. 8 bis 10 Ggr. Cour.) Campecheholz; etwa 15,000 Ztr. Baumwolle; endlich für ungefähr 200,000 Gourdes Kakao, Tabak, Wachs, Schildkröte und Häute ausgeführt.

Uebersicht

der

wichtigsten Exporten der Republik Hayti
von mehreren Jahren.

Jahre.	Puder-Zucker.	Roher Zucker.	Kaffee.	Baumwolle.	Kakao.
	Pfund.	Pfund.	Pfund.	Pfund.	Pfund.
1789	47,516,531	93,573,300	76,835,219	7,004,274	— —
1801	16,540	18,518,572	43,420,270	2,480,340	648,518
1818	198	5,443,567	26,065,200	474,118	434,368
1819	157	3,790,143	29,240,919	216,103	370,439
1820	2787	2,514,502	35,137,759	346,839	556,424
1821	— —	600,934	29,925,951	820,563	264,792
1822	— —	200,454	24,235,372	592,368	464,154
1823	— —	14,920	33,802,837	332,256	335,540
1824	— —	5106	44,269,184	1,028,045	461,694
1825	— —	2020	36,034,300	815,697	339,937
1826		32,864	32,159,784	620,972	457,592
1832			50000,000	1,500,000	500,000

Von Guajacgummi wurde 1822 = 7338 Pfund, 1823 =

Indigo.	Syrup.	Farbe-hölzer.	Tabak.	Ricinus-Öl.	Mahagoni-Holz.	Cigarren.
Pfund.	Pfund.	Pfund.	Pfund.	Gallon.	Fuß.	
58,628	25,749					
804	99,419	6,768,634	— —	—	5217	
— —	— —	6,819,300	19,140	121	129,962	
— —	— —	3,094,409	39,698	711	141,577	
— —	— —	1,919,748	97,600	157	129,509	
— —	— —	3,728,186	76,400	—	55,005	
— —	211,927	8,295,080	588,957	—	2,622,277	279,000
1240	— —	6,607,308	387,014	—	2,369,047	393,800
— —	— —	3,858,151	718,679	—	2,181,747	175,000
— —	— —	3,948,190	503,425	—	2,986,469	
— —	— —	5,307,745	340,588	—	2,136,984	179,500
		5,000,000	500,000	—	6,500,000	500,000

13,056 Pfund und 1824 = 68,692 Pfund ausgeführt.

Im Jahre 1835 sollen exportirt sein:

Kaffee für . . . . . . 21,681,100 Franken.
Ebenholz für . . . . . 1,004,900 »
Farbehölzer für . . . . 593,600 »
Tabak für . . . . . . 518,100 »
Kakao für . . . . . . 114,300 »
Baumwolle für . . . . 63,100 »

Die Hauptartikel der Einfuhr sind:

von den vereinigten Staaten: Mehl, Reiß, frisches und gesalzenes Rindfleisch, Fische u. s. w.;

von England: Baumwollenwaren, irische und schottische Leinen, Steingut, Messerschmiedwaren, Kriegsbedarf;

von Frankreich: Weine, Liqueure, Seidenwaren, Juwelierarbeit, Spiel- und Putzwaren;

von Deutschland: Leinwand, Zwirn.

Nach französischen Quellen sind eingeführt im Jahre 1835 z. B.

Leinen- und Hanf-Gewebe für 2,315,900 Franken.
Baumwollenwaren für . . . 687,800 »
Wollenwaren für . . . . . 159,600 »
Seidenwaren für . . . . . 4,900 »
Weine für . . . . 720,300 »
Lebensmittel und Öle für . . 402,600 »
Messerschmiede-, Juwelierwaren für 346,300 »
Salzfleisch für . . . . . . 110,000 »

Nach der Landesrechnung der Republik fanden im Jahre 1831 unter andern folgende Einnahmen Statt:

Einfuhrzoll . . . . 1,032,833 Gourd.
Wage- und Hafengelder . . . 84,550 »
Patentgelder . . . . 68,053 »

das
er=

en erlegen, denen 9 Prozent
die Konsignationen an fremde

hinzuzufügen sind.

droits de fontaines für ein Schiff von

von 251 bis 300 Ton und mehr . . . . 20 : »*)
Tonnen= und Hafengeld für jeden
    Besuch der Republik per Ton (2 Piaster**)
für das Duplikat des Manifests auf
    Stempelpapier . . . . 30 »
Die Kommissions=Spesen sind beim Verkauf ge=
wöhnlich 5 Prozent, für Lagermiethe und kleine Spesen
sind 2 Prozent anzunehmen; bei Retouren eben so viel.

wahrscheinlich von 150 Ton) auf zusammen 434 Doll. 50 Cents.

Ein dortiger Gebrauch, die europäischen Waren auf Zeit zu verkaufen, ist sehr nachtheilig, indem man bei Ablauf des Termins gewöhnlich kein bares Geld erhalten kann, sondern Waren als Zahlung annehmen muß.

Ob die früheren Bestimmungen, wonach die Franzosen eine Zollermäßigung von 10 Prozent genießen, die Nordamerikaner aber 10 Prozent über die Tarifsätze bezahlen müssen, noch besteht, ist dem Verfasser nicht bekannt.

Ein Gesetz vom 14. Juli 1835 verfügt, daß die Eingangsabgaben in fremdem Gold- oder Silbergelde bezahlt werden müssen, und eine Bekanntmachung vom 5. November 835 bestimmt den Werth fremden Geldes im Vergleich zum schweren spanischen Piaster. —

Es bedarf keines ausführlichen Beweises, um darzuthun, von welcher außerordentlichen Wichtigkeit für Deutschland und namentlich auch für unser Königreich wäre, wenn statt der gewöhnlich ganz stockenden, fast immer aber durch große Schwankungen im Preise höchst mißlichen Getreide-Ausfuhr ein sicherer Markt für Deutschlands Mehl gewonnen werden könnte. Der Getreidehandel hatte in früherer Zeit eine sicherere Basis, welche vornehmlich durch den langen Kriegszustand vor 1815 und die bei dessen Beendigung vielfach veränderten Verhältnisse erschüttert worden ist. Auch seitdem sind zwar einzelne sehr gute Jahre für den Getreideverkehr eingetreten, allein von solchen schnellen Schwankungen und Stockungen in denselben, wie wir sie im tiefen Frieden wiederholt erlebt haben, wußte man früher kaum. Der Verkehr mit Getreide wird, allem Anscheine nach, eine lohnende Erwerbsquelle für Deutschland fortan nicht mehr, oder doch nur selten noch sein*); suchen wir deßhalb andere zu eröffnen.

Dem Vereine zur Beförderung des Gewerbfleißes in Preußen gebührt (so weit es dem Verfasser bekannt ist) die Ehre, bereits im Jahre 1824 diesen Erwerbszweig, der um so wichtiger ist, weil er alles zur Herstellung und Verführung Erforderliche vom Lande selbst empfängt, empfohlen zu haben, und die für den Getreidehandel mit Nordamerika im Jahre 1836 vortheilhaften Konjunkturen**) haben nicht nur fast alle

---

*) In Frankreich und Norddeutschland ist der Mittelertrag das fünfte bis achte Korn; zu Rio bella Plata, in einem Theile Meriko's, in den Äquinoktialgegenden 24 bis 30 Körner (Humboldt tabl. de la nouv. Espag.), in den Ebenen von Guanaxuato daselbst sogar 50 bis 80 Körner (Hertha Bd. I.). Der Durchschnitts-Ertrag des Weizens in den mexikanischen Staaten ist nach der vortrefflichen Schrift (Koppe), Mexikanische Zustände, Stuttgart 1837; das 13te bis 21ste Korn. — von Zedlitz, der preuß. Staat, Lief. 8. S. 383 bemerkt übrigens, daß auch in einigen Theilen der Provinz Preußen das 12te Korn geerntet werde.

**) Im Jahre 1835, d. h. vom 30. Septbr. 1834 bis dahin 1835, wurden in die vereinigten Staaten eingeführt: 29,397 Zentner Weizenmehl, 238,769 Bushel Weizen und 7640 Bushel Hafer; — vom 30. Septbr. 183$\frac{5}{6}$: 21,567 Zentner Weizenmehl, 538,898 Bushel Weizen und 161,552 Bushel Hafer; — vom 1. October 1836 bis 1. Juli 1837 (mit Ausnahme der Häfen Boston und Philadelphia): 21,999 Zentner Weizenmehl, 3,495,936 Bushel Weizen und 4963 Bushel Hafer.

industriellen Zeitschriften (am beharrlichsten das allgemeine Organ für Handel und Gewerbe und die Stettiner Börsennachrichten) veranlaßt, jene Frage theoretisch zu behandeln; sondern der praktische Erfolg davon ist auch gewesen, daß eine bedeutende Zahl verbesserter Mühlen angelegt sind, und aus mehren Häfen Deutschlands und Dänemarks Getreide- und Mehlversendungen nach Amerika gemacht sind. Was zunächst das Königreich Hannover betrifft, so sind allein für Emdener Rechnung aus dem Hafen von Emden im Jahre 1836 und bis April 1837 nach den vereinigten Staaten folgende Schiffe mit Ladungen inländischen Getreides exportirt:

Juno, Kapt. Fuhrmann . . . . 80 Last.
    (2 Reisen.)
Diana, Kapt. Ortgiese . . . . 36 »
    (2 Reisen — Sloep.)
Delphin, Kapt. E. Jänßen . . . . 90 »
Joseph, Kapt. Rehbock . . . . 75 »
Amalia, Kapt. Földers . . . . 130 »
Agnete, Kapt. Holländer . . . . 140 »
Johanne Abegg, Kapt. Hugy . . . . . 150 »
Henriette, Kapt. Casseboom . . . . . 150 »
Dädalus, Kapt. J. Ulfers . . . . 80 »
Maria von Cammenga, Kapt. G. H. Feyen 80 »
Neptunus, Kapt. Ebeling . . . . 130 »
Johannes, Kapt. Mennen . . . . 120 »
Martha, Kapt. Höfter . . . . 120 »
Morgenstern, Kapt. Appel . . . . . . 130 »
    »   Kapt. Rüster . . . . . . 80 »
Eendragt, Kapt. Bruns . . . . 80 »

Florenz, Kapt. Feyen . . . . 120 Last
Fr. Wilhelm III., Kapt. Dierksen . . . 130 "

Außerdem für Leerer Rechnung (ungefähr 200 Last); von Halte aus namentlich ein Schiff mit 117 Last; für Osnabrücker Rechnung von Emden aus ein holländisches Schiff mit 100 Last; für Quackenbrücker Rechnung ein in Norden beladenes Schiff u. s. w.

Man kann mithin rechnen, daß aus ostfriesischen Häfen binnen jener Zeit 28 Schiffe mit etwa 2500 Last inländischen Getreides nach Nordamerika gegangen sind. Allein dieser Handel ist für Ostfriesland mit so eigenthümlichen Schwierigkeiten verbunden, daß bei der jetzigen Lage der Dinge derselbe nur dann mit Vortheil betrieben werden kann, wenn der Gewinn an der Ladung hin groß genug ist, um zu gestatten, daß die Schiffe in Ballast zurückkommen. Ostfriesland besitzt nämlich fast gar keine Fabriken, in welchen die nordamerikanischen Retouren, Tabak, Baumwolle, Asche, Reis u. s. w. genügenden Absatz fänden. Hollands Häfen sind durch hohe Eingangsrechte für diese Artikel so gut wie verschlossen; die Verbindungen mit den übrigen Theilen des Königreichs Hannover werden durch den nothwendigen Landtransport und den jetzigen mangelhaften Zustand der Wege, sehr erschwert; durch Vermittlung der Ems ist wegen der preußischen Zolllinien kein Absatz zu erlangen; die Märkte der Hansestädte waren bisher (zum Theil in Folge der häufigen Auswanderungen) mit obigen Retouren so sehr überschwemmt, daß auch dort kein lohnender Verkauf zu erreichen war. Im Gegentheil bewirkte z. B. der große Tabaksmarkt Bremen, daß die ostfriesischen Tabaksfabrikanten (deren es mehre bedeutende gibt) es in ihrem Interesse fanden, sich in Bremen zu assortiren. Alle diese und andere Nebenumstände werden bei den jetzigen Verhältnissen dauernd bewirken, daß der ostfriesische Handelsstand (obgleich an Thätigkeit keinem anderen nachstehend) aus Mangel an Kundschaft für die Exporten Nordamerika's, diese Artikel länger lagern muß, als z. B. der Bremer, und dadurch gezwungen ist, seine Kapitalien unbenutzt zu lassen. Was die preußische Regierung gethan hat, um es ihren Rhedern zu erleichtern, diese gefährliche Konkurrenz zu überwinden, wird später angeführt werden. Nicht ganz unerwähnt kann bei dieser Gelegenheit bleiben, daß der im Königreiche der Niederlande seit einigen Jahren bestehende hohe Skalen=Kornzoll, falls überhaupt die Getreidepreise gestatten, daß die Einfuhr mit Gewinn geschehen kann, Ostfriesland durch seine Lage den Vortheil zu gewähren scheint, günstige Konjunkturen zuerst benutzen zu können; — so wie, daß der am 4. April d. J. vom englischen Unterhause gefaßte Beschluß (Organ No. 30):

    daß es fortan gestattet sein soll, fremdes Getreide im Entrepot und zur Ausfuhr in Mehl zu verwandeln;

auch dem ostfriesischen Getreidehandel zu Gute kommen dürfte. Alles dieses sichert jedoch unserem Getreide keinen dauernden gewinnbringenden Absatz, und deshalb liegt die Frage sehr nahe, ob es Deutschland nicht möglich sein wird, dadurch, daß dasselbe Mehl zu gleichen Preisen und in gleicher Güte liefert, mit den Nordamerikanern auf den Märkten Westindiens und Südamerika's zu konkurriren. Betrachten wir zunächst den Kostenpunkt.

Im November 1824 war das Mehl in Danzig und Stettin um 10 Prozent wohlfeiler, als in New-York. Für die Ostseehäfen verminderte der Sundzoll diesen Vortheil bei den geringen Preisen des Mehls um ungefähr 4 Prozent, und außerdem ist der Vorzug Nordamerika's an Fracht und Assekuranz auf 1 Prozent anzuschlagen. Das Besteuerungssystem des preußischen Staats, und besonders die Mahlsteuer, erschwerte die Ausfuhr, weshalb die Verwaltung eine Steuervergütung bei der Ausfuhr eintreten ließ. Auch bei völliger Steuerfreiheit aber übte die Unvollkommenheit des Mahlwesens einen nachtheiligen Einfluß auf den Vortheil aus dem Geschäfte aus. In England und Amerika nämlich ist man, abgesehen von dem nicht vorhandenen Mühlen- und Mahlzwange, durch vollkommenere Mühleneinrichtungen im Stande, den Weizen, bis auf eine Kleinigkeit, in Mehl bester Qualität, wie es zur Ausfuhr erforderlich ist, zu verwandeln. Da nun die Mahlsteuer vom Getreide bezahlt wurde, die Steuervergütung aber vom ausgeführten Mehle Statt fand, so mußte dieses auf Getreide reduzirt werden; die Müller behielten dann eine bedeutende Menge Mehl geringerer Gattung übrig, welches zwar die Steuer bezahlt hatte, jedoch zur Exportation nicht geeignet war: dies fand auch im Lande nicht gut Abnehmer, und vertheuerte deshalb die Ausfuhr. Auch diesen Übelständen half Preußen durch Maßregeln der Steuerverwaltung ab, und suchte daneben noch durch alle Mittel, welche eine Regierung besitzt, auf die Verbesserung des Mahlwesens hinzuwirken (Verhandl. des Pr. Gew. Ver.)*). Sie ließ z. B. einige talentvolle junge Müller auf dem Gewerbsinstitute vollständig ausbilden, und schickte sie dann als fertige Maschinenzeichner und tüchtige Mechaniker auf Reisen, um in Europa sowohl, als in Amerika, das aufzusuchen, was erforderlich ist, um das preußische Mehl vorzugsweise wohlfeil, haltbar und wegen seiner innern Güte auf den Märkten des Auslandes gesucht zu machen.**) Mehl und Mehlwaren wurden aus der preußischen Monarchie exportirt:

1823	26,685 Zentner.
1824	50,000 Tonnen.
1827	46,647 Zentner.
1828	53,700 »
1829	26,514 »
1830	61,544 »
1831	141,040 »
1835 aus den Seehäfen des Stralsunder Regierungsbezirks . .	18,443 »

Aus den Protokollen des meklenburgischen Patriotischen Vereins geht hervor, daß auch dort die Mehlaus-

---

*) Rauer, Cameralistische Zeitung für die Königl. Preuß. Staaten. Ferber, Beiträge und Neue Beiträge.

**) Mehrere Regierungen sind diesem Beispiele in neuester Zeit gefolgt, so die baiersche, welche in einem an sämmtliche Kreis=Regierungen erlassenen Reskripte vom 22. April b. J. die Einwirkung derselben auf Einführung des amerikanischen Mahlsystems anordnet.

fuhr zur Sprache gekommen und empfohlen ist; ob mit Erfolg, erhellt nicht.*)

Dänemark hat im Jahre 1833 10,974 Tonnen Weizenmehl exportirt; im März 1836 wurden 8 englische Schiffe allein aus dem Etablissement von Hambro et Sohn mit Mehl und Schiffbrot beladen; im Maimonate v. J. exportirte dieses Haus 5300 Tonnen Weizenmehl und 363,000 Pfund Schiffzwieback; in dem Zeitraume vom 8. Juni bis 9. August 1836 wurden von Copenhagen abermals 7200 Tonnen Weizenmehl und 313,000 Pfund Schiffbrot ausgeführt; während der vier ersten Monate des Jahrs 1837 etwa 4000 Tonnen Mehl und 550,000 Pfund Brot (ohne 15,000 Tonnen Getreide und Mehl und 200,000 Pfund Brot, welche nach Island und Grönland gingen); im Juli 1837 = 1,100,000 Pfd.

Von Interesse für den Kostenpunkt dürfte folgende Zusammenstellung der Durchschnitts-Weizenpreise pr. Imp. Quartr. **) in den für den Getreidehandel wichtigsten Häfen Deutschlands, Englands und Nordamerika's sein:

In Danzig:
von 1770 bis 1779 . . . . . . 33 Sh. 9 Den.
" 1780 " 1789 . . . . . . 33 " 10 "

---

*) Wie bedeutend die Kornausfuhr ist, ergibt sich unter andern aus Hempel, Geogr. statist. histor. Handbuch des Meklenburger Landes.

**) Man rechnet eine Last
in Ostfriesland, Bremen = 9¾ à 10¼ Quartr.
in Hamburg = 11 à 11¼
in Danzig, Königsberg = 10 à 10½

von 1790 bis 1799	43 Sh.	8 Den.
» 1800 » 1809	60 »	— »
» 1810 » 1819	55 »	4 »
» 1820 und 1821	34 »	— »
» 1822	30 »	3 »
» 1823	27 »	9 »
» 1824	23 »	8 »
» 1825	24 »	2 »
» 1826	25 »	1 »
» 1827	26 »	11 »
» 1828	37 »	1 »
» 1829	47 »	1 »
» 1830	42 »	2 »
» 1831	50 »	2 »
» 1832 ppr.	32 »	5 »
» 1833 »	24 »	— »
» 1834 »	17 »	10 »
» 1835 »	18 »	— »

Durchschnittspreis von 66 Jahren 41 Sh. $9\tfrac{59}{77}$ D.

Im Jahre 1836 sind von Danzig feines Weizenmehl № 1, 2 und 3 — 58,891 Tonnen zu 196 Pfund. engl. und 21,320 Zentner Weizen=Schiffbrot ausgeführt (davon Mehl nach Amerika 10,857 Zentner, nach Australien 1042 Ztr., nach Frankreich 190 Ztr., nach Großbritannien 101,980 Ztr., nach Holland 822 Ztr., nach Norwegen 77 Ztr., zusammen 114,968 Zentner); vom 1. Jan. bis 16. Nov. 1837 — 64,000 Tonnen Mehl; im Jahre 1828 betrug die Ausfuhr nur 7463 Tonnen (3390 nach England, 4073 nach Newfoundland) Mehl und 11,200 Zentner Zwieback; im Jahre 1835 bereits

28,392 Tonnen Mehl und 5443 Zentner Schiffbrot; im Jahre 1834 gingen 11 Schiffe mit Mehl nach Amerika und England; im Juni 1837 sechs Schiffe. Elbing versendete 1834 2798 Zentner Mehl (vorzüglich nach Rußland), 1836 2536 Zentner; Königsberg 1834 10,080 Zentner (Rußland); Stettin 1836 — 3718 Ztr., im Juni 1837 — 2519 Ztr, im Oktober 1837 — 1143 Ztr. (Mühlenfabrikate); Pillau 1836 — 258 Ztr. Mehl; Swinemünde im August 1834 — 6924 Ztr. (Rußland); Stralsund 1835 pptr. 10,000 Schffl. Mehl.

2. Hamburg.

Sehr begreiflich richten die Mehlpreise sich nach den Preisen des Korns, und sobald die Anfertigung des Mehls zur Exportation ein fortlaufender Handelszweig geworden ist, stellen sich gewisse Grundsätze darüber fest; wie denn z. B. in Hamburg seit einigen Jahren angenommen wird, daß 1 Rthlr. Preiserhöhung auf die Last Weizen, den Preis des Fasses Mehl um 2 Schill. Banco vermehre.

Man verfertigt in Hamburg gebarrtes und ungebarrtes Weizenmehl (begreiflich darf weder Dunst noch Rauch durch die Ware ziehen) und zwar 4 Sorten: Superfein, Prima, Secunda, Tertia, welche in durchaus trockenen büchenen, mit Papier ausgeschlagenen Gebinden, sehr fest gepackt, versandt werden. Das Darren erhöht den Preis um etwas, und gibt dem Mehle ein mehr gelblich weißes Ansehen, gegen das aus ungetrocknetem Korn gearbeitete; dagegen soll dadurch der große Vortheil erreicht werden, daß das Mehl selbst in den heißesten Klimaten sich wohl zwei Jahre lang im gesunden Zustande erhält.

Weizenpreise in Hamburg:

von 1770 bis 79	30 Sh.	6	Den.
» 1780 » 89	30 »	7	»
» 1790 » 99	37 »	6	»
» 1800 » 9	61 »	1	»
» 1810 » 19	51 »	6	»
» 1820 » 26	28 »	2	»
» 1827	26 »	3	»
» 1828	27 »	10	»
» 1829	34 »	5	»
» 1830	25 »	10	»
» 1831	33 »	4	»
» 1832 ppr.	29 »	6	»
» 1833	23 »	11	»
» 1834	22 »	6	»
» 1835	24 »	8	»

Durchschnittspreis von 66 Jahren 38 Sh. $8\frac{61}{66}$ D.

Nach der von Johannes Bickel in Hamburg wöchentlich ausgegebenen Preisliste, fanden an diesem Platze in den Jahren 1836 und 1837 folgende Preise von Weizen (ostfriesischem bunten und rothen) und Weizenmehl Statt.

	Weizen, per Last von 60 Faß alt 123 ℔ Holl.	Weizen, per Last von 60 Faß neu 128 ℔ Holl.	Weizenmehl, (Hambgr. 1. Gattg.) per Faß von 183 ℔ Hambg. netto incl. Faß.
	in Cour. Rthlr.		in B. m$\mathcal{B}$
Am 8. Januar 1836	60 u.	72	$11\frac{1}{2}$ à $12\frac{1}{2}$
» 15. » »	60 u.	72	$11\frac{1}{2}$ » $12\frac{1}{2}$
» 22. » »	60 u.	72	$11\frac{1}{2}$ » $12\frac{1}{2}$ (sp.f. 13 » $13\frac{3}{4}$)
» 29. » »	62 u.	72	$11\frac{5}{8}$ » $12\frac{1}{2}$ (sp.f. 13 » $13\frac{3}{4}$)
» 5. Februar »	62 u.	72	$11\frac{3}{4}$ » $12\frac{1}{2}$ (sp.f. 13 » $13\frac{3}{4}$)
» 12. » »	62 u.	72	$11\frac{1}{2}$ » $12\frac{1}{2}$ (sp.f. 13 » $13\frac{3}{4}$)
» 19. » »	62 u.	72	$11\frac{1}{2}$ » $12\frac{1}{2}$ (sp.f. 13 » $13\frac{3}{4}$)
» 26. » »	62 u.	72	$11\frac{3}{4}$ » $12\frac{1}{2}$ (sp.f. $12\frac{3}{4}$ » $13\frac{1}{2}$)
» 4. März »	62 u.	72	$11\frac{3}{4}$ » $12\frac{1}{2}$ (sp.f. $12\frac{3}{4}$ » $13\frac{1}{2}$)
» 11. » »	62 u.	70	$11\frac{3}{4}$ » $12\frac{1}{4}$ (sp.f. $12\frac{3}{4}$ » $13\frac{1}{4}$)
» 18. » »	62 u.	70	$11\frac{3}{4}$ » $12\frac{1}{2}$ (sp.f. $12\frac{1}{2}$ » $13\frac{1}{4}$)

	Weizen, per Last von 60 Faß alt 123 ℔ Holl.	Weizen, per Last von 60 Faß neu 128 ℔ Holl.	Weizenmehl, (Hambgr. 1. Gattg.) per Faß von 183 ℔ Hambg. netto incl. Faß.
	in Cour. Rthlr.		in B.m℔
Am 25. März 1836	64 u.	72	11¾ à 12½ (sp.f. 12½ » 13¼)
» 1. April »	64 u.	74	12 » 12½ (sp.f. 12½ » 13¼)
» 8. » »	68 u.	76	12¼ » 12½ (sp.f. 12¾ » 13½)
» 15. » »	68 u.	78	12¼ » 12½ (sp.f. 12¾ » 13½)
» 22. » »	68 u.	78	12¼ » 12½ (sp.f. 12¾ » 13½)
» 29. » »	67 u.	76	12 » 12½ (sp.f. 12½ » 13½)
» 6. Mai »	67 u.	77	12 » 12½ (sp.f. 12½ » 13½)
» 13. » »	67 u.	78	12¼ » 12½ (sp.f. 12½ » 13½)
» 20. » »	67 u.	78	12¼ » 12¾ (sp.f. 12¾ » 13½)
» 27. » »	67 u.	78	12¼ » 12¾ (sp.f. 12¾ » 13½)
» 3. Juni »	70 u.	84	12½ » 13 (sp.f. 13 » 13¾)
» 10. » »	70 u.	84	12½ » 13 (sp.f. 13 » 13¾)
» 17. » »	68 u.	82	12½ » 13 (sp.f. 13 » 13¾)
» 24. » »	68 u.	80	12½ » 13 (sp.f. 13 » 13¾)
» 1. Juli »	68 u.	80	12½ » 13 (sp.f. 13¼ » 13¾)

	Weizen, per Last von 60 Faß	Weizenmehl, (Hambgr. 1. Gattg.) per Faß von 183 ℔ Hambg.
	alt 123 ℔ Holl. | neu 128 ℔ Holl.	netto incl. Faß.
	in Cour. Rthlr.	in B.mβ
Am 8. Juli 1836	68 u. 80	12$\frac{1}{2}$ à 13
		(sp.f. 13$\frac{1}{4}$ » 13$\frac{3}{4}$)
» 15. » »	68 u. 80	12$\frac{1}{2}$ » 13$\frac{1}{4}$
		(sp.f. 13$\frac{1}{2}$ » 14)
» 22. » »	70 u. 85	12$\frac{1}{2}$ » 13$\frac{1}{2}$
		(sp.f. 13$\frac{1}{2}$ » 14$\frac{1}{4}$)
» 29. » »	75 u. 88	12$\frac{1}{2}$ » 13$\frac{1}{4}$
		(sp.f. 13$\frac{1}{2}$ » 14$\frac{1}{4}$)
» 5. August »	77 u. 90	12$\frac{3}{4}$ » 13$\frac{3}{4}$
		(sp.f. 13$\frac{3}{4}$ » 14$\frac{1}{2}$)
» 12. » »	77 u. 92	12$\frac{3}{4}$ » 13$\frac{3}{4}$
		(sp.f. 14 » 14$\frac{1}{2}$)
» 19. » »	76 u. 92	12$\frac{3}{4}$ » 13$\frac{3}{4}$
		(sp.f. 14 » 14$\frac{1}{2}$)
» 26. » »	76 u. 90	12$\frac{3}{4}$ » 13$\frac{3}{4}$
		(sp.f. 14 » 14$\frac{1}{2}$)
» 2. Septbr. »	76 u. 92	12$\frac{1}{2}$ » 13$\frac{1}{2}$
		(sp.f. 14 » 14$\frac{1}{2}$)
» 9. » »	76 u. 92	12 » 13$\frac{1}{2}$
		(sp.f. 13$\frac{1}{2}$ » 14$\frac{1}{2}$)
» 16. » »	78 u. 95	12 » 13
		(sp.f. 13$\frac{1}{2}$ » 14$\frac{1}{2}$)
» 23. » »	78 u. 96	12$\frac{1}{4}$ » 13
		(sp.f. 13$\frac{1}{2}$ » 14$\frac{1}{2}$)
» 30. » »	76 u. 98	13 » 14
		(sp.f. 14$\frac{1}{4}$ » 15)
» 7. Oktober »	76 u. 96	13$\frac{1}{2}$ » 14
		(sp.f. 14$\frac{1}{4}$ » 15
» 14. » »	76 u. 98	14 » 14$\frac{1}{2}$
		(sp.f. 14$\frac{1}{2}$ » 16)

	Weizen, per Last von 60 Faß		Weizenmehl, (Hambgr. 1. Gattg.) per Faß von 183 ℔ Hambg.
	alt 123 ℔ Holl.	neu 128 ℔ Holl.	netto incl. Faß.
	in Cour. Rthlr.		in *B.m*ß
Am 21. Oktober 1836	78 u.	100	14½ à 15½ (sp.f. 16 » 17)
» 28. »	» 85 u.	106	15 » 16 (sp.f. 16½ » 18)
» 3. Novbr. »	» 88 u.	110	15 » 16 (sp.f. 16½ » 18)
» 11. »	» 90 u.	115	16 » 17 (sp.f. 17 » 19)
» 18. »	» 100 u.	120	17½ » 18 (sp.f. 18½ » 20)
» 25. »	» 90 u.	110	17 » 18 (sp.f. 18½ » 19)
» 2. Dezbr. »	» 90 u.	110	17 » 18 (sp.f. 18½ » 19)
» 9. »	» 90 u.	110	17½ » 18 (sp.f. 18½ » 19)
» 16. »	» 88 u.	108	17½ » 18 (sp.f. 18 » 19)
» 23. »	» 85 u.	108	17½ » 18 (sp.f. 18 » 19)
» 30. »	» 85 u.	110	17½ » 18 (sp.f. 18 » 19)
» 6. Januar 1837	85 u.	110	17½ » 18 (sp.f. 18 » 19)
» 13. »	» 85 u.	112	17 » 17½ (sp.f. 18 » 18½)
» 20. »	» 85 u.	112	17 » 17½ (sp.f. 18 » 18½)
» 27. »	» 90 u.	114	17 » 17½ (sp.f. 17½ » 18½)

	Weizen, per Last von 60 Faß alt 123 ℔ Holl.	neu 128 ℔ Holl.	Weizenmehl, (Hambgr. 1. Gattg.) per Faß von 183 ℔ Hambg. netto incl. Faß.
	in Cour.	Rthlr.	in B. m℔
Am 3. Februar 1837	90 u.	114.	16¾ à 17 (sp.f. 17½ » 18½)
» 10. » »	90 u.	114	16¾ » 17 (sp.f. 17½ » 18½)
» 17. » »	90 u.	114	16½ » 17 (sp.f. 17 » 18½)
» 24. » »	90 u.	112	16¾ » 17 (sp.f. 17 » 18¼)
» 3. März »	90 u.	112	16 » 16¾ (sp.f. 17 » 18)
» 10. » »	90 u.	112	15½ » 16 (sp.f. 16½ » 18)
» 17. » »	90 u.	108	15 » 15½ (sp.f. 16 » 17½)
» 24. » »	86 u.	102	14¾ » 15½ (sp.f. 16 » 17)
» 31. » »	86 u.	100	14¾ » 15½ (sp.f. 16 » 17)
» 7. April »	84 u.	98	14 » 15 (sp.f. 15 » 16)
» 14. » »	86 u.	98	14 » 15 (sp.f. 15 » 16)
» 21. » »	85 u.	96	14 » 14¾ (sp.f. 15 » 16)
» 28. » »	84 u.	96	13½ » 14 (sp.f. 14½ » 16)
» 5. Mai »	84 u.	95	13½ » 14 (sp.f. 14½ » 15¾)
» 12. » »	82 u.	93	13½ » 14 (sp.f. 14¼ » 15½)

	Weizen, per Last von 60 Faß	Weizenmehl, (Hambgr. 1. Gattg.) per Faß von 183 ℔ Hambg.
	alt 123 ℔ Holl. / neu 128 ℔ Holl.	netto incl. Faß.
	in Cour. Rthlr.	in B.m/ß
Am 19. Mai 1837	82 u. 92	$13\frac{1}{2}$ à 14 (sp.f. 14 » $15\frac{1}{2}$)
» 26. » »	84 u. 94	$13\frac{1}{2}$ » $13\frac{3}{4}$ (sp.f. 14 » $15\frac{1}{4}$)
» 2. Juni »	84 u. 94	13 » $13\frac{1}{2}$ (sp.f. $13\frac{1}{2}$ » $15\frac{1}{2}$)
» 9. » »	86 u. 96	13 » $13\frac{1}{2}$ (sp.f. $13\frac{1}{2}$ » $15\frac{1}{4}$)
» 16. » »	85 u. 95	13 » $13\frac{1}{2}$ (sp.f. $13\frac{1}{2}$ » $15\frac{1}{4}$)
» 23. » »	84 u. 94	13 » $13\frac{1}{4}$ (sp.f. $13\frac{1}{2}$ » 15)
» 30. » »	80 u. 92	13 » $13\frac{1}{4}$ (sp.f. $13\frac{1}{2}$ » 15)
» 7. Juli »	80 u. 90	$12\frac{1}{2}$ » 13 (sp.f. $13\frac{1}{2}$ » $14\frac{1}{2}$)
» 14. » »	78 u. 88	$12\frac{1}{2}$ » 13 (sp.f. $13\frac{1}{2}$ » $14\frac{1}{2}$)
» 21. » »	78 u. 87	$12\frac{1}{4}$ » 13 (sp.f. $13\frac{1}{2}$ » $14\frac{1}{4}$)
» 28. » »	78 u. 88	$12\frac{1}{4}$ » 13 (sp.f. $13\frac{1}{2}$ » $14\frac{1}{4}$)
» 4. August »	77 u. 88	$12\frac{1}{4}$ » 13 (sp.f. $13\frac{1}{2}$ » $14\frac{1}{4}$)
» 11. » »	77 u. 88	$12\frac{1}{4}$ » 13 (sp.f. $13\frac{1}{4}$ » $14\frac{1}{4}$)
» 18. » »	75 u. 85	12 » 13 (sp.f. $13\frac{1}{4}$ » 14)
» 25. » »	75 u. 84	12 » 13 (sp.f. $13\frac{1}{4}$ » 14)

	Weizen, per Last von 60 Faß		Weizenmehl, (Hambgr. I. Gattg.) per Faß von 183 ℔ Hambg.
	alt 123 ℔ Holl.	neu 128 ℔ Holl.	netto incl. Faß.
	in Cour. Rthlr.		in B.m⌊
Am 1. Septbr. 1837	75 u.	85	12 à 12½
			(sp.f. 13 » 13¾)
» 8. » »	76 u.	87	12 » 12½
			(sp.f. 13 » 14)
» 15. » »	78 u.	88	12 » 12½
			(sp.f. 13 » 14)
» 22. » »	78 u.	88	12 » 12½
			(sp.f. 13 » 14)
» 29. » »	78 u.	88	12¼ » 12½
			(sp.f. 13 » 14)
» 6. Oktober »	78 u.	87	12¼ » 12½
			(sp.f. 13 » 14)
» 13. » »	78 u.	87	12¼ » 12½
			(sp.f. 13 » 14)
» 20. » »	78 u.	87	12¼ » 12½
			(sp.f. 13 » 14)
» 27. » »	80 u.	88	12½ » 13
			(sp.f. 13 » 14)
» 3. Novbr. »	80 u.	88	12¼ » 13
			(sp.f. 13 » 14)
» 10. » »	80 u.	90	12½ » 13
			(sp.f. 13 » 14)
» 24. » »	—	—	12½
			(sp.f. 15½)

3. Bremen.*)

Am 8. Januar 1836 inländ. Mehl 3 à 4 Rthlr.
amerik. Mehl 5 à 5½ »
» 11. März » inländ. Mehl 3 à 4 »
amerik. Mehl 5 à 5½ »
» 19. August » inländ. Mehl 2½ à 3 »
» 2. Septbr. » » » 3 à 4 »
» 11. Novbr. » » » 2¾ à 3 »
» 30. Decbr. » » » 3 à 3½ »
» 6. Januar bis November 1837 3 à 3½ »
» 3. November 1837 . . . . . 3 à 3¾ »

An Mehl sind seewärts eingeführt:

Jahr	Pfund	werth Rthlr.
1821	31,842	12,736
1822	124,980	6,250
1823	71,851	3,592
1824	129,652	6,482
1825	112,787	5,076
1826	83,121	3,962
1827	31,860	1,593
1828	639,760	31,988
1829	50,842	2,542
1830	1,495,677	64,757

(Rocken= und Weizenmehl.)

---

*) Heineken, die freie Hansestadt Bremen und ihr Gebiet; 1836.
W. Wilders Einfuhr=Listen.
Bremer Waren=Preislisten.
  Im Jahre 1836 sind 7800 Last Getreide nach den vereinigten Staaten verschifft.

1831 . . . . 956,571 Pfund, werth 38,766 Rthlr.
           . . (Rocken- und Weizenmehl.)
1832 . . . . 130,533 Pfund, werth   7,180 Rthlr.
1833 48,690   »   »   2,922   »
1834 58,917   »   »   3,240   »
1835 38,364   »   »   1,918   »
1836 13,671   »   »   685   »

Die eigene Konsumtion Bremens an importirtem Weizenmehl betrug 1834 . . . . 966,750 Pfund.

4. London. *) (Weizenpreise.)

Von 1770 bis 1779 . . . . . . 45 Sh. 3 Den.
 » 1780 » 1789 . . . . . . 45 »   9 »
 » 1790 » 1799 . . . . . . 55 » 11 »
 » 1800 » 1809 . . . . . . 77 »   6 »
 » 1810 » 1819 . . . . . . 88 »   8 »
 » 1820 . . . . 67 » 11 »
 » 1821 . . . . 56 »   2 »
 » 1822 . . . . 44 »   7 »
 » 1823 . . . . 53 »   5 »
 » 1824 . . . . 64 »   — »
 » 1825 . . . . 68 »   7 »
 » 1826 . . . . 58 »   9 »
 » 1827 . . . . 56 »   9 »
 » 1828 . . . . 60 »   5 »
 » 1829 . . . . 66 »   3 »
 » 1830 . . . . 64 »   3 »

---

*) Kleinschrod, Großbritanniens Gesetzgebung über Gewerbe, Handel u. s. w.

v. Gülich, geschichtliche Darstellung des Handels u. s. w.

Von 1831	66 Sh.	— Den.
» 1832	58 »	— »
» 1833	51 »	4 »
» 1834	45 »	4 »
» 1835	38 »	6 »
Durchschnittspreis von 66 Jahren	61 Sh.	$4\frac{37}{7}$ Den.

5. New-York und Philadelphia.

Die Preise von Weizen bester Qualität können im Durchschnitt zu 37 bis 40 Sh. per Imp. Quartr. angenommen werden.

6. Die behuf der Ablösung der Grundlasten im Königreiche Hannover ermittelten 24jährigen Durchschnittspreise betragen für den Himten Weizen

a) im Landdrosteibezirk Hannover zwischen 1 Rthlr. 3 Ggr. 5 Pf. und 1 Rthlr. 5 Ggr. 5 Pf.

b) im Landdrosteibezirk Hildesheim 1 Rthlr. 2 Ggr. bis 1 Rthlr. 5 Ggr. 1 Pf.; ferner nach anderen Ausmittelungen,

c) in Stade 1 Rthlr. 5 Ggr. 2 Pf.;

d) in Verden 1 Rthlr. 10 Ggr. 7 Pf.;

e) Preise von Weizenmehl und Weizen in Ostfriesland vom Januar 1836 bis November 1837. (s. die nebenstehende Tabelle.)

Preise von Weizenmehl und Weizen in Ostfriesland vom Januar 1836 bis November 1837.	Weizen-mehl. per 100 ℔ Courant ℔ ₰		Neuer Weizen per Last. Louisd'or ℔ Grt.		Alter Weizen per Last. Louisd'or ℔ Grt.	
1836.						
Januar		10	36		36	
Februar		19				
März					70	
April						
Mai						
Juni	2	23				
Juli						
August						
September						
Oktober		4				
November		8			100	
Dezember						
1837.						
Januar					110	
Februar	3	17			115	
März						
April						
Mai		6			90	
Juni			70		80	
Juli			70		75	
August			70		80	
September						
Oktober						

Für den Preußischen Staat stellt sich der Mittelpreis der 14 Jahre 1822 bis 1835 per Schfl. in Sgr. und Pf. auf 51 Sgr. 7 Pf., für die Provinz Preußen auf 47 Sgr. 10 Pf., für Posen auf 48 Sgr. 9 Pf., für Brandenburg und Pommern auf 50 Sgr. 9 Pf.

Will man aus dieser vergleichenden Zusammenstellung irgend Schlußfolgerungen ziehen, so ist vor allen Dingen nothwendig, den Unterschied der Qualitäten gehörig in Anschlag zu bringen, und in dieser Hinsicht ist einmal zu bemerken, daß die obigen Preise sich auf Waare guter Qualität beziehen. Dann ist aber auch nicht zu übersehen, daß in der Regel die Qualität des von Danzig ausgeführten Weizens besser ist, als von dem auf dem Hamburger Markte Vorkommenden. Obgleich kleinkörnig und nicht so schwer als manche andere Gattungen, ist er ausgezeichnet dünnhäutig und gibt sehr feines Mehl. Der s. g. hochgemischte (beste weiße, dessen Quantum indeß nur sehr beschränkt ist) ist dem besten englischen Weizen vorzuziehen. *) Übrigens hängen die Getreide-Zufuhren nach Danzig eben so sehr vom Wasserstande in der Weichsel und deren Nebenflüssen, als vom reichlichen Ertrage der Ernten ab. Hinsichtlich des Mehlexports via Rhein ist zu bemerken, daß z. B. in der preußischen Rheinprovinz nach einer 14jährigen Durchschnitts-Berechnung, die Mittelpreise auf Weizen, um $25\frac{2}{3}$ Pro-

---

*) Jacob View of the agriculture etc. of Germany
— Report on the agriculture etc.

Preußen.
Fahrt und die   eiheit vom   nbzolle zu

Weizenpreise in England und Han-
Imp (Quart. oder 9,2 Hannov.

in Hannover

	29 »	22		14 »	15 »
1815	17 »	6		12 »	15 »
	9				
	» 2			10 »	20 »

1825	. . 21 »	6 »	. . .	6 »	3 »
1826	. 18 »	9 »	. . .	11 »	7 »
1827	. — »	— »	. . .	10 »	20 »
1828	{13 » 10 » bis 24 » 10 »}	. . .	13 »	14 »

---

*) Auf dem Rheine sind an Getreide ausgeführt:

1829	(23 Rthlr. 8 Sgr.) bis (19 » 6 »)			11 Rthlr. 4 Sgr.
1830 .	. 19 » 18 »	. . .	15 »	8 »
1831			12 »	15 »
1832	. 18 » 10 »		11 »	— »
1833	. 15 » 16 »		9 »	4 »

Der Durchschnittsbedarf der vereinigten Königreiche an fremdem Weizen ist von Herrn Jacob im Jahre 1827 nach den Erfahrungen der letzten 12 Jahre, auf jährlich

565,000 Quarter

angegeben; der Graf Fitzwilliam behauptet in seinen im April 1833 gemachten Anträgen, daß nach amtlichen Ausmittlungen, seit Erlassung der Kornbill vom 15. Juli 1828 im Durchschnitt jährlich

1,008,860 Quarter

hätten. In den Jahren
die durchschnittliche jährliche Einfuhr
598,906 Quarter zu 84 Sh. 6 Den.

---

*) Über die Ausdehnung, den Betrieb des Ackerbaus und den Einfluß der Korngesetzgebung in Großbritannien und Irland, finden sich sehr beachtenswerthe Notizen in
Ure Philosophy of Manufactures;
v. Raumer, England im J. 1835, Th. I. S. 557; und
Lowe, England nach seinem gegenwärtigen Zustande, übersetzt von Jacob, 1823.

Der ungefähre Antheil der verschiedenen Reiche des festen Landes hieran war folgender:

Rußland	60,373 Quarter
Schweden	12,275 »
Preußen und Polen	204,667 »
das übrige Deutschland	87,092 »
Vereinigte Staaten	87,376 »
Canada	23,040 »
Holland	40,033 »
Flandern	29,530 »
Frankreich	23,071 »
Dänemark und Norwegen	18,956 »

Herr Whitmore *) schätzte im Jahre 1826 im Parlamente die mögliche jährliche Getreide-Einfuhr bei einem Preise von 55—50 Sh., auf 4 bis 500,000 Qrtr.

Nach den Beobachtungen von Grant und King, steht in England das Steigen der Getreidepreise mit dem Ergebniß der Ernte in folgendem Verhältnisse:

Wenn die Ernte gegen den Mittelertrag geringer ausfällt um

$\frac{1}{10}$, so steigt der Preis des Getreides um $\frac{3}{10}$
$\frac{2}{10}$, » » » » » » » $\frac{8}{10}$
$\frac{3}{10}$, » » » » » » » $\frac{16}{10}$
$\frac{4}{10}$, » » » » » » » $\frac{28}{10}$
$\frac{5}{10}$, » » » » » » » $\frac{45\text{ bis }50}{10}$

---

*) Die Annahme seines Verzollungsplans würde für den deutschen Getreidehandel wahrscheinlich von großem Nutzen gewesen sein.

Die Mehl-Einfuhr Großbritanniens hat betragen:

1824	15,186 Barrel
1825	9,503 »
1826	1,390 »
1830	461,895 Zntr.
1. Oktober 1830 bis 31	1,671,428 »
1. » 1831 » 32	316,692 »
1. » 1832 » 33	133,542 »
1. » 1833 » 34	177,306 »
1. » 1834 » 35	91,153 »

Aus Irland sind in Großbritannien eingeführt:

	Weizen.	Mehl.
1825	283,339 Qrtr.	57,374 Zentner
1826	241,925 »	255,240 »
1827	307,646 »	341,630 »
1828	474,993 »	621,568 »
1829	340,083 »	626,268 »
1830	337,641 »	672,264 »
1831	407,714 »	524,242 »
1832	552,740 »	831,434 »
1833	541,471 »	1,059,587 »
1834	462,229 »	1,110,463 »

Die Weizen- und Mehl-Importen aus Canada haben betragen:

	Weizen.	Mehl.
1825	123,588 Qrtr.	12,623 Zentner
1826	29,078 »	774 »

	Weizen.	Mehl.
1827	50,841 Qrtr.	23,092 Zentner
1828	15,899 »	16,619 »
1829	1,711 »	5,005 »
1830	45,775 »	48,210 »
1831	109,619 »	82,142 »
1832	160,509 »	73,428 »
1833	58,066 »	46,300 »
1834	42,366 »	43,730 »

Die Mehl-Einfuhr in London seewärts betrug:

1833	425,488 Säcke, und	16,899 Fässer
1834	3,828 » »	23,947 »
1835	1,262 » »	19,958 »

Die Mehl-Ausfuhr aus dem Bondlager daselbst belief sich vom 1. Januar bis 13. September 1836 auf 112,833 Quarter.

Im Jahre 1826 fanden an verschiedenen Handelsplätzen folgende Mittelpreise von Weizen Statt, und es haben die Unkosten des Transports bis London betragen in Hannov. Kourant:

	Preis des Quarter.	Transportkosten.	Preis in London. per Quarter.	per Hann. Himten.
in St. Petersburg	8 ℔ 5 ℳ 4 ℛ	3 ℔ 14 ℳ —	11 ℔ 19¼ ℳ —	1 ℔ 6 ℳ 8 ℛ
» Libau	6 » 9 » —	3 » 10 » —	9 » 19 » —	1 » 1 » 6
» Memel	6 » 13 » —	3 » 9 » —	9 » 22 » —	1 » 2 » —
» Königsberg	6 » 10 » —	3 » 14⅓ » —	10 » — » —	1 » 2 » 2
» Danzig	7 » — » 8	3 » 22⅔ » —	10 » 23⅓ » —	1 » 4 » 6
» Hamburg	6 » 12 » —	2 » 17⅔ » —	9 » 5⅔ » —	1 » — » 2
» Kopenhagen	5 » 13 » 8	2 » 12⅔ » —	8 » 2⅓ » —	— » 20 » 7
» Rotterdam	8 » 5 » 4	2 » 19⅓ » —	11 » 1 » —	1 » 4 » 9
» Antwerpen	10 » 4 » —	2 » 23 » —	13 » 3 » —	1 » 10 » 3
» Havre	13 » 10 » 8	2 » 10¼ » —	15 » 21 » —	1 » 17 » 2
» Bordeaux	12 » 6 » —	2 » 10¼ » —	14 » 16¼ » —	1 » 15 » 4
» Odessa	5 » 22 » —	5 » 17⅔ » —	11 » 15⅓ » —	1 » 6 » 3
» New-York	9 » 6 » —	2 » 16⅔ » —	11 » 22⅔ » —	1 » 7 » 2

Die Preisdifferenzen werden noch auffallender durch folgende Angaben für die zweite Hälfte des Jahrs 1835.

In Hamburg war der höchste Preis des weißen Weizens erster Sorte 74 Rthlr. Courant für die Last, oder 27 Schilling 1 Penny für das Quarter. Der höchste Preis des rothen Weizens erster Sorte 70 Rthlr. Courant für die Last, oder 25 Schill. 10 Pence für das Quarter. Der Durchschnittspreis des weißen und rothen Weizens in Hamburg war also 26 Schill. 6 Pence das Quarter. In London war der höchste Preis des weißen Weizens erster Sorte 45 Schill. das Quarter, und der höchste Preis des rothen Weizens erster Sorte 41 Schill. das Quarter; also der Durchschnittspreis des weißen und rothen Weizens in London 43 Schill. das Quartr. Es folgt daraus, daß der Weizen in London $62\frac{1}{4}$ Prozent theurer war, als in Hamburg, und daß man mit 2 Lst. 2 Schill. in Hamburg 13 Bushel Weizen kauft, während man damit in London nur 8 Bushel erhält. — In Amsterdam war der höchste Preis des seeländischen Weizens erster Sorte 200 holl. Gulden die Last, oder 32 Schill. 3 Pence das Quarter. Da nun der Durchschnittspreis des Weizens in London 43 Schill. das Quarter war, so folgt daraus, daß der Weizen in London um $33\frac{3}{5}$ Prozent theurer war, als in Amsterdam. — In Antwerpen war der höchste Preis des rothen Weizens erster Sorte 9 Gulden Cour. das Hektolitre, oder 37 Schill. 5 Pence das Quarter. Da nun der höchste Preis des rothen Weizens erster Sorte in London 41 Schill. das Quarter war, so folgt daraus, daß der Weizen in London $9\frac{1}{2}$ Prozent theurer war, als das

Antwerpen. — In Stettin war der höchste Preis des rothen Weizens erster Sorte 32 Rthlr. Cour. der Wispel von 24 Scheffeln, oder 21 Schill. 10 Pence das Quarter. Da nun in London der höchste Preis des rothen Weizens erster Sorte 41 Schill. das Quarter war, so folgt daraus, daß in London der Weizen 92$\frac{1}{2}$ Prozent theurer war, als in Stettin, und daß man dort mit 2 Lst. 1 Schill. 15 Bushel Weizen kaufen konnte, während man in London dafür nur 8 Bushel erhielt. — Der Durchschnittspreis des Weizens in den vier Städten Hamburg, Amsterdam, Antwerpen und Stettin zusammengenommen, war 29 Schill. 6 Pence das Quarter. Da nun der Durchschnittspreis des Weizens in London 43 Schill. das Quarter war, so folgt daraus, daß der Durchschnittspreis in London 45$\frac{3}{4}$ Prozent höher war, als der Durchschnittspreis in jenen vier Städten. Der damalige Eingangszoll des ausländischen Weizens war 49 Schill. 8 Pence von jedem Quarter, oder 187 Lst. 8 Schill. 5 Pence von hundert Pfund Sterl. des Einkaufspreises in Hamburg, 154 Pfund Sterl. 10 Schill. 5 Pence von hundert Pfund Sterl. des Einkaufspreises in Amsterdam, 132 Pf. St. 14 Schill. 9 Pence von hundert Pfund des Einkaufspreises zu Antwerpen, 227 Pfd. St. 9 Schill. 5 Pence von hundert Pfd. Sterl. des Einkaufspreises zu Stettin, und 168 Pfd. Sterl. 7 Schill. 3 Pence von hundert Pfd. Sterl. des Durchschnittspreises aller vier Orte.

Am 10. Januar 1837 kostete in London Danziger Mehl 30 à 32 Schill., Hamburger 28 à 30 Schill.

In Danzig waren die Preise von Weizenmehl

und Zwieback frei an Bord, am 10. Mai 1836, wie folgt:

a. Mehl per Tonne von 196 Pfund engl. Netto
   Superfine . . 17 Sh. 6 Den. à 18 Sh. Strl.
   « Fine . . . . 16 »   »
   » FineMiddlings 15 »

b. Zwieback per Sack von 112 Pfund engl.
   A. — 9 Sh. Strl.
   B. — 8 »
   B/C — 7 » 6 Den.
   C. — 7 » — »

Im Dezember 1836 galt dort das Mehl supf. 26 Sh., im Januar 1837 24 à 26 Sh. Am 16. November 1837: fine 15 Sh. 6 D., superfine 17 Sh. 6 D., extra superfine 19 Sh.

Nach dem New-York Price Current hatten daselbst folgende Mehlsorten die nebenverzeichneten en gros-Preise per Barrel:

1. Baltimore, Howardstreet:
im September 1830 . . . . 6 Doll.
am 15. Januar 1834*) . . . . 5,62½ à 5,75 »
im Juli 1835 . . . . 6,87½ à 7,25 »
am 24. Novbr. 1835 . . . . . 6,75 à 6,77 »
» 10. Dezbr. » . . . . . . 7,87½   »

---

*) Zu derselben Zeit stand Virginischer Weizen per Bushel auf 1,05 Doll. à 1,10 Doll., der 11jährige Durchschnittspreis ist 1,04 Doll. Roggenmehl kostete 3,62½ à 3,75 D. Maismehl per Faß 3,50 à 3,62½ Doll.
» » Orhoft 15 Dollar.
(Shipping and Commercial List and New-York Price Current.)

am 16. Dezbr. 1835 . . . . 7,75 à 87½ Doll.
» 10. Januar 1836 . . . . . 7,75 à 87½ »
» 5. April » . . . . 7,75 »
» 16. April » . . . . 7,50 »
» 8. Juni » . . . . 6,75 »
» 24. Juli » . . . . 7 — à 8,25 »
» 5. August 1837 . . . . . . 10 »
» 30. Septbr. » . . . . 9 »

2. Georgetown (Columbia).

Oktober 1830 . . . . 8 Doll.
am 15. Januar 1834 . . . . 5,75 »
» 24. Novbr. 1835 . . . . . . 6,87½ »
» 10. Januar 1836 . . . . 7,37 à 7,50 »
» 22. Januar » . . . . 7,37½ »
» 28. Februar » . . . 7,50 à 7,62 »
» 3. März » . . . . 7,75 »
» 25. Mai » . . . . 7,25 »
» 1. Juli » . . . . 7,87½ à 8 »
» 20. August » . . . . 8 à 8,25 »
» 5. August 1837 . . . . . . 10 »
» 10. Septb. » . . . . 8,75 à 9,25 »

3. Western-Canal:*)

am 15. Januar 1834 . . . . . 5,50 à 5,75 D.
» 24. November 1835 . . . . 6,62½ à 6,75 »
» 10. Januar 1836 . . . . . 7,50 à 7,75 »

---

*) Dieser 364 engl. Meilen lange Kanal verbindet den Eriesee mit dem Atlantischen Ozean vermöge des Hudsonflusses, an welchem New-York liegt; hat an 70 Schleusen und trägt Fahrzeuge von 100 Tons (Hertha Band 5).

am 22. Januar 1836 . . . . 7,25 . . . Doll.
» 28. Februar » . . . . . . 7,75 à 87½ »
» 3. März » . . . . . . 7,87½ »
» 1. April » . . . . . . 8, à 8,12½ »
» 6. April » . . . . . . 8,37½ à 8,50 »
» 16. April » . . . . . . 8 à 8,25 »
» 23. April » . . . . . . 7,87½ à 8,12½ »
» 27. April » . . . . . . 7,62½ à 7,75 »
» 1. Mai » . . . . . . 6,50 »
» 1. Juli » . . . . . . 7 à 7,37½ »
» 10. August » . . . . . . 7 à 7,37½ »
» 20. August » . . . . . . 6,25 à 7,50 »
» 7. Dezember » . . . . . . 10 à 10,50 »
» 16. Januar 1837 . . . . . . 12 à 12,25 »
» 25. Januar » . . . . . . 11,25 à 13 »
» 7. Februar » . . . . . . 11,75 à 12 »
» 20. Februar » . . . . . . 11,75 à 12,25 »
» 1. März » . . . . . . 12 à 12,50 »
» 16. März » . . . . . . 11,50 à 12 »
» 1. April » . . . . . . 11 à 11,50 »
» 9. April » . . . . . . 10 à 10,50 »
» 17. April » . . . . . . 8 à 10 »
» 1. Mai » . . . . . . 9 à 9,50 »
» 17. Mai » . . . . . . 8,50 à 8,75 »
» 25. Mai » . . . . . . 9,25 à 9,50 »
» 26. Juni » . . . . . . 10,75 »
» 8. Juli » . . . . . . 11 »
» 1. August » . . . . . . 10,5 à 10,75 »
» 25. August » . . . . . . 8,50 à 9 »
» 26. Septbr. » . . . . . . 9,80 à 9,88 »

am 2. Oktober 1837 . . . . 9 D.
» 16. Oktober » . . . . . 8.50 à 8,62½ »
    4. Troy (New-York.)
am 15. . . . . . 5,37½ à 5,50 D.
» 16. . . . . . 7,75 »
» 23. April . . . . . 7,50 »
» 7. Dezbr. » . . . 9,75 à 10 »
» 25. Januar 1837 . . . . 11,50 à 11,60 »
» 20. Februar » . . . 11,25 à 11,50 »
» 16. März » . . . 11 à 11,75 »
» 1. April » . . . 10 à 10,50 »
» 9. April » . . . . 9 à 10 »
» 1. Mai » . . . 7,25 à 8,50 »
» 1. August » . . . 9,50 à 10 »
» 30. Septbr. » . . . 8,50 à 8,75 »
» 2. Oktober » . . . 8 à 9 »
» 9. Oktober » . . . 8 Dollar »
» 25. Oktober » . . . 8,37½ à 8,50 »
    5. Philadelphia (Pensilvanien).
am 15. Januar 1834 . . . . 5,50 Doll.
» 1. Juli 1836 . . . . 7,25 »
» 5. August 1837 . . . . . . 9 »
» 30. Septbr. » . . . . 8,50 à 8,75 »
    6. Richmond, Country mills (Virginien.)
am 15. Januar 1834 . . . . 5,50 Doll.
» 1. Juli 1836 . . . . . . 7,50 à 7,62½ »
» 20. Aug. » . . . . . 7,62 »
» 5. Aug. 1837 . . . . . . 9,25 »
» 30. Sptbr. » . . . . . 8,50 »
» 25. Oktbr. » . . . . . 8,75 à 9 »

7. Richmond mills (Galiego):
am 1. Juli 1836 . . . . 8,37½ Doll.
am 7. Dez. » . . . . . 10,75 à 11 »
» 5. August 1837 . . . . 9,75 à 10 »
» 30. Septbr. » . . . . 9 à 9,25 »
» 9. October 1837 . . . . 9 »
   8. Ohio:
am 8. April 1836 . . . . 8 Doll.
» 10. August » . . . . 6,37½ à 6,62½ »
» 20. Aug. » . . . 6,75 à 7 »
» 25. Oktbr. 1837 . . . . 8,50 à 8,75 »
   9. Frederichsburgh (Virginien.)
am 15. Januar 1834 . . . . . à 5,25 à 5,37½
» 3. März 1836 . . . . . . 7,50 »
» 5. August 1837 . . . . . 9 »
   10. Genesee (New-York).
am 5. April 1836 . . . . 8,20 Doll.
» 23. April . . . . 7,87½ »
   11. Brandewyn:
am 24. Novbr. 1835 . . . . . . 6,75 Doll.
» 28. Februar 1836 . . . . . . 7,37 »
   12. Alexandria (Columbia.)
am 15. Januar 1834 . . . . 5,37½ à 5,50 »
» 5. August 1837 . . . . 9 »
» 30. Septbr. . . . . 8 »
   13. Petersburg (Virginien).
am 15. Januar 1834
      superfine . . . 5,37½ à 5,50 Doll.
      desgl. gesiebt und fein . . 5,0 »
      mittelfein . . . . . 4,75 »
» 5. August 1837 . . . . 9 »

14. Baltimore (Maryland).

am 10. Dezember 1835	7,50 Doll.
» 10. Januar 1836	7,12 à 7,25 »
» 22. Januar »	7,25 »

In **Philadelphia** waren die Durchschnitts-Mehlpreise: *)

von 1796 bis 1802	10,18 Doll.
» 1803 » 1809	7,60 »
» 1810 » 1817	9,13 »
» 1817 » 1823	7,93 »
» 1823 » 1830	5,60 »
» 1831 » 1837	6,47½ »

1835. Januar 4,87. Februar 5. März 5 Doll.
1836. » 6,50. » 6,62. » 6,75 »
1837. » 11. » 11. » 11 »
1837. Oktober 8 à 9 Doll.

In Baltimore kostete Mehl:

1. ohne Sorten-Angabe, im Jahre 1830:
spf. 8,75 — fine 8,00 — fm. 6,50 — m. 5,00 —
ein Schfl. shipstuffs von 26 à 28 Pfund 0,28 —
ein Scheffel grobe Kleie von 14 bis 15 Pfund, 0,10. —

Der Preis eines ganzen Fasses war 0,28, eines halben 0,15. Weizen kostete damals von 1,60 à 1,68 Doll.

am 20. März 1835 — 5,25 D. — 2ᵈ Mihl. 3,25 Doll.	
am 22. Novemb. 1835	6,25 à 6,50 Doll.
» 4. Dezember »	7 »

---
*) Hamburger Börsenhalle. — Sehr bedauern wir, nicht ähnliche Übersichten von mehreren Plätzen beibringen zu können.

am 13. Mai 1836 . . . . 6,50 à 6,62½ Doll.
» 25. Juni   »   . . . . . . 7, à 7,25 »
» 15. August »   . . . . . 7,60 à 8 »
» 14. Dezbr. »   . . . . . 10,25 à 10,50 »
» 19. August 1837 . . . . 8 à 8,80 »

  2. Howard-Street:

am 14. April 1836 . . . . . . 6,75 à 6,80 Doll.
» 23. April »   . . . . . . 6,75 à 6,87½ »
» 6. Aug.   »   . . . . . . 7 à 7,75 »
» 16. Aug.   »   . . . . . . 7,75 »

  3. Richmond City-Mills.

am 8. April 1836 . . . . 7,62½ Doll.

  4. City mills:

am 23. April 1836 . . . . . . 6,62½ Doll.
» 7. Juli   »   . . . . . . 8 »
» 12. Juli   »   . . . . . . 7,75 »
» 6. August »   . . . . . . 7,75 à 8 »
» 16. August »   . . . . . . 8 »
» 14. Dezbr. »   . . . . . . 10,25 à 10,50 »

  5. Susquehanna (Pensilvanien.)

am 23. April 1836 . . . . . . 6,75 Doll.
» 12. Juli   »   . . . . . . 7,75 »
» 6. Aug.   »   . . . . . . 7,75 »
» 16. Aug.   »   . . . . . . 7,75 »

6. Mehlpreise in Charleston:

am 4. Dezbr. 1835 . . . . . . 7,50 Doll.
 (Baltimore.)
» 5. März 1836 . . . . . . 7,75 à 8 »
» 9. Juli   »   . . . . . . 8 »

7

am 4. Dezbr. 1835 . . . . 8 Doll.
(New-York-Canal.)

Mehlpreise in Boston (Massachusets.)
am 14. Novbr. 1835 . . . . . . 6,56 à 6,75 Doll.
» 11. Mai 1836 . . . . 6,75 à 6,87½ »
» 20. Mai » . . . . 7,6½ »
» 5. Juni » . . . . 6,75 à 7,37½ »
» 8. Juli » . . . . 7,62 à 7,75 »
(Genesee.)

Mehlpreise in New-Orleans.
im Jahre 1830 durchschnittlich 9 bis 10 Doll.
am 7. Novemb. 1835 . . . . . . 7 à 7,50 Doll.
» 14 Novemb. » . . . . . . 7 à 7,50 »
» 12. Dezbr. » . . . . . 7,50 à 7,62½ »
» 13. Februar 1836 . . . . . 7 à 7,35 »
im Januar 1837 . . . . 12,50 à 13 »
am 30. Septbr. 1837 . . . . . 5,50 à 5,75 »
» 25. Oktober » . . . . . 7,50 à 8 »

In Pittsburg (Pensilvanien) kostet Weizenmehl durchschnittlich 4 bis 5 Doll.; in Jefferson county 4 Doll.; im Kanton Davidson (Tennessee) 3 Doll.

In Jamaika kostete am 7. November 1835 New-York secunda 8 Doll.; am 19. April 1836 9¼ à 9½ Doll. per Faß, — Zoll per Faß 10 Sch., Kanaba frei: —
am 13. Juni 1837 supf. (mit Zoll) 18 à 19 Doll.

In Matanzas (Cuba) kostete am 20. Septbr. 1837 Weizenmehl 17½ Piaster.

in Havana am 3. Juni 1837: Philadelphia und Baltimore 18 Doll.

New-Orleans . . . . . 16 Doll.
Spanish 14

(Prices Current by Tomas de Veyga.)

In Bahia kostete am 30. Septbr. 1837 schöne französische Waare 25,000 Reis.

Aus Montreal im britischen Kanada berichtete man im Anfange des Jahrs 1836 über die bisherige Lage des dortigen Getreide- und Mehlmarkts Folgendes: Die Ernte von 1834 war eine sehr gute, und bei Wiedereröffnung der Schifffahrt im Jahre 1835 standen die Preise von Weizen und Mehl sehr niedrig hier; ersterer 4 Sh. à 4 Sh. 6 Den. per Minot, letzteres 22 à 23 Sh. per Tonne. Nach dem Mutterlande zu verschiffen war, bei den dort obwaltenden Umständen, unmöglich; im Gegentheil erhielten wir selbst noch Zufuhren von daher, und unsere Preise waren im Begriff, sich noch weiter zu drücken, als sich die Umstände plötzlich änderten. In unserem Nachbarlande, den vereinigten Staaten, wurde man schon im Anfange des Sommers vorigen Jahrs gewahr, daß ein ungewöhnlich starkes Quantum Weizen von der Ernte von 1834 vermahlen und verbraucht worden war, so daß man fürchtete, nicht hinreichend bis zum Jahre 1835 übrig zu behalten. Bald darauf zeigten sich auch die Aussichten zur neuen Ernte keineswegs günstig dort, und so entstand Spekulation, in Folge deren unsere Nachbaren, statt uns sonst noch mit Mehl zu versorgen, nun kamen, um bei uns zu kaufen. Es wurden succesive circa 350,000 Bushels Weizen und ein ziemliches Quantum Mehl aus Ober- und Unter-Kanada nach den vereinigten Staaten exportirt, und die Spekulanten haben gute Rechnung dabei gefunden, trotz dem, daß der Zoll in den vereinigten Staaten für unser Produkt 25 Cents oder 1 Sh. 3 Den. per Bushel Weizen und ½ Dollar per Tonne Mehl war. Von letzterem suchte man Vieles in New-York als superfine klassifizirt und gestempelt zu erhalten, was nur gewöhnliches Mehl war; und darin liegt noch ein besonderer Nutzen der Importeure. Im Juli standen unsere Mehlpreise bereits wieder 26 Sh. für fine, 32 Sh. für superfine, und im Septbr. wurde ersteres selbst bis 27 Sh. 6 D. bezahlt. Unsere Preise haben sich auch bei geschlossener Schifffahrt gut behauptet, und der von Weizen steht gegenwärtig 5 Sh. 6 D. per Minot*) für guten alten, 5 Sh. für leidlichen neuen. Unsere Ernte von 1835 ist übrigens mangelhaft in Qualität, so wie in Quantität. Der größte Theil des neuen Weizens ist ausgewachsen, und es wird sich nur wenig gute, verschiffbare Waare mehr finden lassen.

Zu Montreal fanden folgende Mehlpreise Statt:
am 28. Novbr. 1835 . . 26 à 28 Sh. 9 Den.
» 24. Decbr. » . . 27 Sh. 6 Den.
» 15. Januar 1836 . . 28 Sh. 9 Den. à 32 Sh. 6 D.
» 16. Febr. » . . 27 Sh. 6 Den. (middle.)
» 23. » » . . 30 Sh. (fine.)
» 2. Juni » . . 29 Sh. 6 Den. (fine.)
» 23. » » . . 28 Sh. 6 Den. à 29 Sh.

*) Ein Minot ist einem Bushel gleich zu rechnen. Nach einer Fraktion vieler Jahre ist der gewöhnliche Preis des Weizens in Montreal 5 à 6 Sh. und der im Anfange des vorigen Jahrs dort bestandene von nur 4 Sh. à 4 Sh. 6 Den. war daher ein ungewöhnlich niedriger zu nennen.

am 12. Juli 1836 . . 28 Sh. 6 Den.
» 26. » » . . 26 Sh. à 28 Sh.
» 9. Aug. » . . 30 à 33 Sh.
» 12. » 1837 . . 29 à 30 Sh.
» 5. Septbr. » spf. 41 Sh. 3 D. à 42 Sh. 6 D.
» 20. » » fine 38 Sh. 9 D. à 40 Sh.
     midd. 37 Sh. à 37 Sh. 6 D.
in Halifax, am 7. Septbr. 1837:
 schönes kanadisches 46 Sh.
 spf. hamburger in Bond 46 Sh. 3 Den.
am 5. Oktober 1837:
 nordamerik. spf. in Bond 47 Sh. 6 Den.
  » fine 40 »
 hamburgisch spf. in Bond 40 »
in Quebeck kostete 1832 Weizen per Bushel 5 Sh., Weizenmehl per Barril 20 bis 26 Sh.; in St. John 1830 das feinste Mehl 2 Lst.

In Hobart Town (van Diemens Land) kostete am 16. Febr. 1836 Weizenmehl 22 à 24 Lst. per Ton (?); am 8. März 28 à 30 Sh. per 100 Pfund engl. Die Preise von Getreide und Mehl stehen in der Regel im Anfange des Jahrs und bis dahin, daß die Regierung ihre Lieferungs-Verträge abgeschlossen hat, dort am höchsten.

Die Berichte über den Mehlpreis in Sidney (New South Wales) lauteten:
am 7. Dezbr. 1835 — 23 à 25 Sh. per 100 Pfund.
» 11. Febr. 1836 — 30 Sh. per 100 Pfund.
» 25. März » — 28 à 30 Sh. per 100 Pfund.
 Wäre es thunlich gewesen, vollständigere, als die

vorenthaltenen (schon mit vieler Mühe zusammengesuchten) Preisangaben zu erhalten, so würde man daraus interessante Vergleichungen und Folgerungen haben ableiten können, während wir jetzt uns auf einen solchen Versuch beschränken müssen, wobei 1 Doll. zu dem in den vereinigten Staaten gesetzlichen Course von 4½ Sh. Strl. angenommen, 1 Sh. zu 7 Ggr. 6 Pf. 1 Dollar mithin zu 1 Rthlr. 9 Ggr. 9 Pf. berechnet ist.

Am 10. Mai 1836, wo das Faß spf. Weizenmehl von 196 Pfund engl. kostete:
in Danzig 5 Rthlr. 11 Ggr.
zahlte man dafür:
in New-York ppr. 9 Rthlr. 3 Ggr. à 10 Rthlr. 21 Ggr.
» Philadelphia . 9 » 3 »
» Baltimore 9 » 3 » à 10 » 2 »
» Charleston 10 » 21 » à 11 » 6 »
» Boston 9 » 14 »
» Jamaika 13 » 8 »
» Montreal 9 » 5 »
» Rio Janeiro 18 » — »
» Bahia 20 » — »
» Hobart Town ⎫
und in Sidney ⎭ 17 » — » Kourant

Hängen wir diesem einige Verkaufs-Rechnungen an.

A. Original-Verkaufs-Rechnung
über nach New-York von Deutschland im Oktober 1836 verschifften Weizen.

3000 Bushels à 195 . . . . . Dol. 5850
für verkaufte Matten . . . . . . » 8
  »   »   Säcke . . . . . . » 192

Ziel 30 Tage. —   Summa 6050 D.
Ab: für Spesen, Fracht 735   Doll.
    »   Zoll . . . . 687,28 »
    »   Zinsen . . .   4,50 »

Latus 1426,78 Doll.

Transport	1426,78 Doll.	
Zollhausspesen	4,25 »	
Messen, Wiegen ꝛc.	28,40 »	
Verschiedene Arbeitslöhne	4,35 »	
» Fuhrlöhne	4,05 »	
Lagermiethe, Feuer-Assekuranz	1,70 »	
Provis. u. Delcredere 5 Proz.	302,50 »	1772,03
	Summa Doll.	4277,97

Man kann also etwa 40 Prozent Spesen annehmen.

B. Fingirte Verkaufs-Rechnung
über eine Parthie Weizenmehl aus Copenhagen nach Rio-Janeiro.

1000 Fässer Weizenmehl, wiegend jedes Netto 180 Pfund Dänisch à 8000 auf 3 Monate Zeit	....	R. 8.000 m,000
Unkosten.		
Fracht angenommen zu 2s Stel. per Faß und 5 Proz. Lst. 105. a 40d.	R. 630 m,000	
Zoll von 6000 Arroben Mehl à 1600r. Rs. 9,600 m,000 a 15 Pzt.	1,440 m,000	
Zoll-Expedition a 1½ Pzt. und Stempel	144 m,000	
	2.214 m,000	
Zinsen davon für 3 Mon. à ¾ Pzt. per Monat	49 m,815	
Lagermiethe 1 Prozent	80 m,100	
Kommission 5 Prozent	400 m,000	
Delcredere 2½ Prozent	200 m,000	2.943 m,915
Netto-Ertrag Rs.		5,056 m.085
zum Cours à 40d. Lst. 842. 13. 7.		
1 Faß = 16s. 10d. Sterl.		

— 104 —

C. Fingirte

über Ladungen von Getreide und Mehl von
am Bord des Schiffs

---

120 Last (Hamb.) guten gesunden Weizen zu
frei an Bord geliefert, alle Unkosten einbegriffen

Fracht zu D. 12 per Last und 5 Prozent Primage

Zoll zu 25 cs. per Bushel auf 10,920 Bushels

Wäre der Zoll 20 Prozent des Werthes, so würde man, auf
 obige Bm₰ 27,317. 1 ß. oder zu 33⅓ cs. D. 9105,
 70 cs. D. 1821, 14 cs. bezahlen
Auf den Überschuß vergütet das Customhouse vom 1sten
 Januar 1836 an, ein Fünftel.

Entry, Deklaration, Messen, Ausliefern und kleine Spesen
Kommission auf D. 14,753. 53 cs. à 5 Prozent
Kourtage »   ditto   ¼ »

120 Last sollten zu 11⅜ Winch. Qr. und 8 Bushels per
 Qr. 10,920 Winch. Bushels rendiren, welche dem-
 nach auf D. 1. 35 cs. zu stehen kommen

osten=Rechnung

amburg verschifft, um sie in New=York
verkaufen.

				Kalkulationstabelle.	
Cm℔ 280	Cm℔ 38600	—		kostender Preis in Hamburg	kommt zu stehen in New=York
à 123 0/0	Bm℔ 27317	1			
à 35¾ cs.	D. 9765	85		Cm℔ 180	D. 1.
	1512			190	1. 3.
D. 2730				200	1. 7.
				210	1. 10.
				220	1. 14.
				230	1. 17.
181	76			240	1. 21.
	2548	24		250	1. 24.
	116	—		260	1. 28.
	737	68		270	1. 31.
	73	77		280	1. 35.
	D. 14753.	54		290	1. 38.
				300	1. 42.
				310	1. 45.
				320	1. 49.
				jede 10	3^5

120 Last guten gesunden Rocken . . . . .

Fracht wie oben . . . .
Zoll frei . . . .
Entry, Deklaration, Messen, Ausliefern und kleine Spesen
Kommission auf D. 10,580, 67 cs. à 5⁰/₀ . . .
Kourtage   »   »   à 1/7 ⁰/₀ . . .
10,920 Bushels kommen auf 96 cs. pr. Bushel zu stehen

2000 Fässer gutes Weizenmehl in Fässern von 196 englischen Pfund netto zu . . . .
(andere Kollis in Proportionen) . . . . .

Fracht zu ⅔ D. per Barrel u. 5⅝ Prim. . . .
Zoll zu 50 cs. per 112 Pfund netto . . . .
Kourtage zu 6¼ cs. per Barrel . . . . . .
Entry, Deklaration, Abliefern, kleine Spesen . . .
Kommission auf D. 14,978, 94 cs. à 5⁰/₀ . . .

kommt der Barrel D. 7,48 cs.

					Cm℔ 180	℔. 76.
Cm℔ 240		Cm℔ 28800	—		190	80.
35¾ u. 123⁰⁄₀		℔. 8370	73		200	83.
		1512	—		210	86.
					220	90.
		116	—		230	93.
		529	4		240	96.
		52	90		250	1. 00.
		℔. 10,580	67		260	1. 03.
					270	1. 07.
					280	1. 10.
					290	1. 13.
					jede 10	3³⁄₀ ⁸⁄₀.
					Bm℔ 10	℔. 5. 60.
Bm℔ 15		Bm℔ 30 000	—		11	5. 98.
35¾ cs.		℔. 10725	—		12	6. 36.
					13	6. 73.
		1575	—		14	7. 11.
		1750	—		15	7. 48.
		125	—		16	7. 86.
		55	—		17	8. 24.
		748	94		18	8. 61.
		℔. 14978	94		19	8. 99.
					20	9. 37.
					jede 1	37⁶.

Abschriftliche Verkaufs=Rechnung
über
39 Last Weizen in Säcken von Leer nach New=York.

39 Last haben ausgeliefert: 3166 Bushel, à 1 $ 75 incl. der Säcke......		$ 5540	—
Unkosten.			
Fracht auf 39 Last, à $ 20	$ 780 —		
Zoll......... $ 831. —			
Prämie für den Zoll » . 33. 24			
	864 24		
Arbeitslohn, Lagermiethe, Annoncen, Dampfbootmiethe und sonstige Auslagen............	158 96		
Kommission, à 5 Prozent	277 —		
		2080	20
		$ 3459	80
Im Juni, à 87 cs ....Lbr. $		3976	20 Ct.
» Oktbr. à 85 pr. 72 Crt.			

Conto finto
über
20 Fässer Weizenmehl von Leer nach Baltimore.

wiegend 9000 Pfund hiesiges Gewicht, in Baltimore 10,000 Pfund Netto. à 8 $ per Barrel von 200 Pfund Netto.....		$ 400	
Unkosten			
Fracht.............	$ 42		
Zoll, à 50 cs. per 112 Pfund	44 64		
Abliefern und sonstige Auslagen...........	3		
Kommission und Delcredere, à 7½ Prozent.........	30		
		119 64	
		$ 280 36	
Wechsel-Cours im Juni und Juli, à 87 Cents......	Lbr. ♃	322 18	Grt.
Im Oktober (24.) hatte der Cours sich auf 85 cs. gestellt, also per Thaler Gold um beinahe 2 Grote zum Vortheil diesseitiger Abladungen verbessert.			

Das direkte Mehlgeschäft nach transatlantischen Gegenden wurde schon vor 14 bis 15 Jahren durch die Bestrebungen der Rheinisch=Westindischen Kompagnie in den Gang gebracht; jedoch die Schwierigkeiten und kostspieligen Vermittlungen, womit die Kompagnie überhaupt derzeit zu kämpfen hatte, ferner nicht gehörige Kenntniß der Fabrikationsweise, endlich das Eintreten einer für das rohe Getreide günstigen kurzen Periode: — bewirkten, daß dieser Handelszweig in Abnahme und fast in Vergessenheit kam. Nur das Mehlgeschäft nach England (als Transit zur Versorgung der englischen Kolonien) erhielt sich noch immer etwas im Gange, und hat seit dem Jahre 1835, durch die geminderte Konkurrenz der Nordamerikaner, einige Ausdehnung gewonnen. Das Jahr 1836 bot bekanntlich die seltene Erscheinung dar, daß Nordamerika große Quantitäten fremden Getreides bedurfte; jedoch legte man anfangs diesem wichtigen Ereignisse nicht Werth genug bei, weil man den wirklichen Bedarf von ganz Amerika eben so wenig nur einigermaßen kannte, als die Größe der dortigen eigenen Produktion; weil die weite Entfernung Unternehmungen dahin bedenklich, schwer, selbst gefährlich erscheinen ließ, um so mehr, da man im Kornhandel schon so viele traurige Erfahrungen gemacht hatte. In England benutzte man die günstigen Konjunkturen schneller, und Vieles von dem alten Weizenlager unter Königsschloß (in Bond) ist nach Amerika gesandt worden.

In Hamburg ist das Emporkommen des Mehlhandels zunächst der großen Ausdehnung zuzuschreiben, welche schon seit einer Reihe von Jahren die Ausfuhr von Schiffsvictualien gewonnen hat. Obgleich diese auch schon früher einzeln ausgeführt wurden, so entstand doch erst von der Zeit an, als das schon unter Cannings Ministerium erlassene Gesetz in Kraft trat, — durch welches den Amerikanern unmöglich gemacht wurde, mit ihren eignen Schiffen die englischen Kolonien zu verproviantiren, — eine auffallend vermehrte Nachfrage nach Schiffszwieback und aller Art gepöckeltem Fleisch. Hamburg fiel es vorzüglich zu, New-Foundland und die dortigen Fischereien zu versorgen, und dieser Handelszweig ist von so großer Bedeutung geworden, daß man z. B. glaubt, daß in dem letzten Jahre 100 Schiffe von Hamburg nach New-Foundland abgegangen sind. Die Nachfrage nach Schiffszwieback hatte die Einrichtung der Dampfmühlen zur Folge, um aber gute Ware liefern zu können, mußte man auch mehr, wie bisher, auf die Beschaffenheit des Mehls sehen, und hier gelangen Verbesserungen erst nach vielen Versuchen. Endlich aber und erst vor einigen Jahren gelangen sie vollkommen, theils durch die Darrmethode, theils durch eine richtigere Verpackungsart. Als man so weit gekommen war, gab plötzlich der in Amerika eingetretene Kornmangel auch dem Mehlhandel Hamburgs einen starken Aufschwung. Nicht allein in Amerika eröffnete sich die Nachfrage nach Mehl, auch von England aus sah man sich darnach um, weil für dessen Kolonien nichts mehr aus den vereinigten Staaten geholt werden konnte.

Die Verschiffungen nach New-Foundland scheint vorzugsweise Hamburg an sich gezogen zu haben, die

Bestellungen dazu werden von England aus gemacht. Hin- und wieder fallen auch allerdings einige direkte Versendungen nach Westindien und Brasilien vor, sie sind aber unbedeutend im Vergleich mit dem, was nach New-Foundland geht, und der Erfolg ist weit unsicherer. Diese und andere Ereignisse haben aber bewirkt, daß man das Mehlgeschäft jetzt aus einem andern und weit klareren Gesichtspunkte betrachten und dadurch eine Basis für direkte Verbindungen mit den mehlbedürftigen überseeischen Gegenden erlangen kann. England hat hinsichtlich seiner Besitzungen in Südamerika und Westindien, durch Anlegung eines hohen Einfuhrzolls, sich die Vermittlung vorbehalten; allein das Mehlgeschäft verträgt nicht wohl eine kostspielige Vermittlung, und eben so wenig diese Waare eine längere Lagerung. Wir müssen daher in direkten Verbindungen uns versuchen, haben auch aus den obigen Vergleichungen gesehen, daß dieselben mit Vortheil zu erhalten sind; dürfen uns aber die Schwierigkeiten nicht verhehlen, welche diesem wie jedem neuen Unternehmen entgegenstehen. Abgesehen von den Schwierigkeiten, welche in der Güte der Waare liegen, und von welchen weiter unten die Rede sein wird, sind namentlich **folgende Hindernisse zu bekämpfen:**

1. die Unbekanntschaft mit Fahrwasser (Strömungen, Winde) und Häfen; *)

---

*) Hierüber enthält das vortreffliche Werk von Berghaus, Allgemeine Länder- und Völkerkunde, interessante Notizen, so wie ein Aufsatz aus dem Österreichischen Lloyd im Organ, Jahrg. 1837. № 90.

2. die Einrichtung unserer Schiffe, z. B. daß sie bis jetzt sehr selten gekupfert werden;
3. die nicht genügende Bekanntschaft mit den Gesetzen, Sitten u. s. w. der betreffenden Länder;
4. das Vorurtheil, welches selbst das beste europäische Mehl im Vergleich mit dem Nordamerikanischen zu bekämpfen hat;
5. der große Vorsprung und das bedeutende Übergewicht, welches Nordamerikaner und Engländer, durch ihre langjährigen Verbindungen und großen Etablissements in jenen Gegenden, haben; *)

---

*) Diese Konkurrenz muß jedoch nicht muthlos machen, und vielleicht dürfte der Weg einzuschlagen sein, welcher die bedeutende Erweiterung des Seehandels der Stadt Bremen herbeigeführt hat. Deshalb sei hier das Betreffende aus einer kürzlich erschienenen Flugschrift (über das Verhältniß der freien Hansestadt Bremen zum deutschen Zollvereine) eingeschaltet:

»Zunächst finden wir die Ursache der Handelserwei=
»terung darin, daß es im Charakter der Bremer wie
»überhaupt der Norddeutschen von jeher gelegen hat,
»jenseits des Meeres Niederlassungen oder Etablissements
»zu begründen. Dieser Trieb, die Heimath zu verlassen,
»verstärkte sich nach dem Frieden von 1814 bedeutend
»durch mancherlei Veranlassungen, indem einestheils der
»Mangel an zuverlässigen Korrespondenten in vielen uns
»jetzt zugänglichen Plätzen Amerika's, anderntheils die
»Einwanderung tüchtiger Kaufleute aus dem Innern
»Deutschlands in Bremen, die Aussicht auf leichten Er=
»werb für die im Inlande weniger bekannten geborenen
»Bremer verringerte und diese nöthigte, ihr Glück in

6. Die Nothwendigkeit, um nicht mit Schaden zu arbeiten, große Schiffe in diese Fahrt zu setzen. Die Nordamerikaner treiben ihren Mehlhandel mit kleinen schnellsegelnden Schooner-Schiffen, welche

»anderen Welttheilen zu versuchen. Daher schreibt sich
»die große Zahl Bremischer Kommanditen und Etablisse-
»ments in fast allen Städten von Nord- und Süd-Ame-
»rika und Westindien, und diesen ist besonders die ge-
»nauere Kenntniß der Bedürfnisse und Produkte der
»erwähnten Länder, und als Folge davon der Aufschwung
»eines großartigen Handels mit denselben zu verdanken.«
  »Die Errichtung der vielen Bremischen Etablisse-
»ments in Amerika und Westindien bewirkte nach und
»nach eine durchgreifende Umwandlung in der Art des
»Geschäftsbetriebes der Bremer. Bevor man genauer
»mit den Verhältnissen der transatlantischen Märkte be-
»kannt war, wurde der Bremische Markt mehr durch
»Konsignation für englische und amerikanische Rechnung,
»als durch Importen für eigene Rechnung versorgt. Als
»sich aber durch Ansiedelung der Bremer in Amerika eine
»größere Sicherheit der Unternehmungen herausstellte,
»wurden diese mehr und mehr für eigene Rechnung be-
»trieben, und da sie bald zu einer gewissen Regelmäßig-
»keit gediehen, entstand auch das Bedürfniß der Vermeh-
»rung der Zahl der eigenen Schiffe, denen sie eine äußerst
»vortheilhafte Verwendung darboten. Bremens Kaufleute
»ließen es sich daher angelegen sein, den Schiffbau auf's
»Kräftigste zu befördern, und durch vorzügliche Unterrichts-
»Anstalten tüchtige Seeleute heranzubilden. Sie scheue-
»ten keinen Kostenaufwand, ihren neuen Schiffen nicht
»nur die geeignetste und dauerhafteste Bauart zu geben,
»sondern sie auch durch Eleganz der Einrichtungen und

nur mit Mehl und etwa einigen anderen Lebens=
mitteln, z. B. Pöckelfleisch, beladen werden. Finden
diese nun den ersten Bestimmungsort mit diesen

»sorgsame Ausstattung mit allem Erforderlichen, auf
»einen solchen Fuß zu bringen, daß Bremen mit Stolz
»auf seine Handelsflotte hinblicken mochte. Die Bremi=
»sche Schifffahrt gelangte zu einer solchen Vollkommen=
»heit, daß sie nicht nur in der Schnelligkeit der Fahrt,
»und der guten Lieferung der Güter mit derjenigen der
»see=erfahrensten Nationen wetteiferte, sondern sich fast
»aller Orten vor den letzteren eines entschiedenen Vor=
»zuges erfreuete. Die Folge davon war, daß die Bre=
»mischen Rheder, weil sie genöthigt waren, ihre Schiffe
»stets in der Fahrt zu halten, nunmehr beinahe das
»ganze Bremische Seegeschäft in ihre Hände fallen sahen.«
»Viele Umstände wirkten ferner darauf ein, den
»Flor der Schifffahrt zu fördern, wohin besonders die
»große Zahl deutscher Auswanderer zu rechnen ist, welche
»über Bremen ihren Zug nach Amerika nehmen, deren
»Transport, obgleich nur als ein Nebenvortheil betrach=
»tet, doch zu fernerer Vermehrung Bremischer Schiffe
»wesentlich beitrug. Da es nun im Interesse der Eigener
»stand, ihre Schiffe mit möglichst vollständigen Ladungen
»fahren zu lassen, so lag denselben nicht nur die Sorge
»ob, stets volle Ladungen zu importiren, sondern auch,
»selbst wenn das Zwischendeck durch Auswanderer besetzt
»war, zu exportiren, und so wurde auf jegliche Weise
»versucht, deutsche Industrie=Erzeugnisse dem Amerikaner
»annehmbar zu machen. Dadurch wurde Bremens Rhe=
»derei zu einem Segen für Deutschland, und Bremens
»Handel im eigentlichen Sinne des Worts, ein deut=
»scher Nationalhandel.«

Artikeln überführt, so können sie ohne Nachtheil eine Versegelung nach anderen Häfen bewerkstelligen. Die Europäer dagegen müssen ihre großen Fahrzeuge mit Aussendungen von solchen Artikeln beladen, wobei auf regelmäßigen Absatz zu rechnen ist; ihnen ist eine Versegelung sehr schwierig, denn die Assortimente sind fast für jeden Hafen verschieden, und z. B. auf den englischen Inseln manche Artikel gar nicht verkäuflich.

7. Daß der Handel nach Südamerika und Westindien eine eben so thätige als unternehmende Rhederei erfordert, die wir nur in einigen Seehäfen besitzen.

Leider ist das Interesse der Kapitalisten für den Handel, namentlich den auswärtigen (deren Mitwirkung zur Begründung des Flors der größten Hafenplätze Englands und Frankreichs so viel beigetragen hat) bei uns noch nicht erwacht; sie ziehen, ungeachtet der bittersten Erfahrungen, es vor, auf spanische und ähnliche Sicherheit ihre Spekulationen zu begründen, und selbst diejenigen unter ihnen, welche auch Grundeigenthümer sind, erkennen nur sehr selten, wie den Klagen über niedrige Preise landwirthschaftlicher Erzeugnisse am besten dadurch abgeholfen werden kann.

Für Mehlsendungen nach Südamerika und Westindien ist, in einem Berichte des dänischen Konsuls, Herrn Hamann in Rio Janeiro, Folgendes zur besonderen Beachtung empfohlen:

1. daß nur das weißeste und feinste, aus ganz gesundem Weizen gemachte Mehl dazu genommen wird;

2. daß es durchaus trocken ist, damit es unterwegs sich nicht in Klumpen setzt oder erhitzt;
3. daß die Fässer gut und aus ganz trockenem, lange vorher gefälltem Holze gemacht sind, und
4. hauptsächlich, daß man nur schnellsegelnde gekupferte Schiffe dazu nimmt, die die Reise in möglichst kurzer Zeit zurücklegen.

Es ist außerdem rathsam, keine großen Ladungen zu senden, da solche, so lange das Mehl dort nicht besser akkreditirt ist, leicht die Preise herunterdrücken und den Absatz erschweren könnten; deshalb dürfte es besser sein, kleine Schiffe zu nehmen, darin jedesmal nur 800 bis 1000 Fässer zu verladen, und den übrigen Raum mit etwa 200 Säcken Weizen, 100 bis 150 Säcken Gerste, mit gesalzenem Rind= und Schweinefleisch, mit Schinken, Genever, Butter u. s. w. auszufüllen, und die Expedition öfter zu wiederholen, wo sich dann auch wohl noch andere Produkte und Fabrikate finden würden, die mit Vortheil abzusetzen wären, z. B. Bier, Mobilien, Kutschen und andere Fuhrwerke, und überhaupt alle nothwendigen sowohl als Luxusartikel, die billig geliefert werden können, denn Alles wird dort eingeführt und ist verkäuflich, nur muß man mit allen anderen Nationen in Konkurrenz treten.

Mit dem Mehlgeschäfte ist das des **Schiffbrotes** oder **Zwiebackes** schon deshalb eng verbunden, weil manches Mehl, was etwas gelitten hat, dazu benutzt werden kann. New=Foundland namentlich bedarf zur Verproviantirung der Stockfisch= und Kabeljau=Schiffe, eine bedeutende Quantität davon jährlich, und die Ham=

burger und Kopenhagener haben bereits gewußt, sich einen Antheil an diesem Geschäfte zu verschaffen. —

Gehen wir endlich zu der Frage über, wie das Mehl beschaffen sein muß, welches zum überseeischen Transporte geeignet erscheint, und welche Einrichtung die Mühlen haben müssen, um solches Mehl zu liefern*). Die Beschaffenheit des Korns, woraus das Mehl gefertigt wird, hat begreiflich einen wesentlichen Einfluß auf dessen Güte, so daß z. B. trockner, dünnschaliger Weizen ein besseres Fabrikat liefern wird, als feuchter mit dicken Hülsen.

Das weißeste Mehl, allenfalls mit etwas gelblichem Scheine, ist in der Regel das beste; allein es muß auch noch die Eigenschaft haben, daß es zwischen den Fingern nicht zerstäubt, sondern zusammenballt. Es muß ferner sanft anzufühlen sein, keinen schimmligen, mulstrigen oder seifenartigen Geruch haben, und den Gaumen nicht kitzeln.**) Das Mehl erhitzt sich leicht und verdirbt,

---

*) Dinglers polytechnisches Journal, Band 54.
von Hazzi, Beobachtungen und Erinnerungen auf einer Reise nach Frankreich und England; 1837.
Verhandl. des Vereins zur Beförd. des Gewerbfleißes in Preußen, Bd. 4. u. 12.
Kunst- u. Gewerbeblatt des polytechnischen Vereins für Baiern, Jahrg. 1837.
Wochenblatt für Ldw. Hauswsch. Gewerbe und Handel, Jahrg. 1837.
Österreichisches Wochenblatt für Industrie, Jahrg. 1836.
**) Das Hauslexikon; Leipzig 1837. Artikel: Mehl.

namentlich im Sommer bei Gewitterluft oder Nässe. Als Muster für die Mehlverfertigung werden Nordamerika und England mit Recht empfohlen, und die in den letzteren Jahren in Deutschland angelegten s. g. Kunstmühlen, haben ähnliche Einrichtungen gemacht. Allein selbst in jenen beiden Ländern unterscheidet sich die Mehlfabrikation wesentlich von einander. Das englische Mehl sieht stets gefleckter aus, als das nordamerikanische, weil man in England die Körner nicht so vollständig von den auf den Hülsen des Getreides festsitzenden Theilen reinigt; weil man in England das Korn vor dem Mahlen stark trocknet oder bärt,*) wodurch das reine Abreiben der Hülsen schwieriger wird; und weil die englischen Mehlsiebe feine Kleietheile unter das Mehl kommen lassen. Das englische Mehl hält sich im Allgemeinen besser als das amerikanische, weil dies oft nicht trocken genug ist, um vor dem Sauerwerden gesichert zu sein. Die Amerikaner wollen nämlich die Kosten des Kornbarrens sparen; den dadurch bewirkten Verlust am Gewichte des Mehls vermeiden; die Veränderung, welche gedarrtes Korn erleidet, umgehen; auch das Mehl vor den Flecken der spröden Hülsen bewahren. Das starke Trocknen oder Darren des Korns ist ihnen um so entbehrlicher, weil sie das Mehl durch fortwäh-

---

*) Notizen über das Trocknen von Getreide finden sich unter Andern im:

Baierschen landw. Zentralbl. Jahrg. 1836. S. 461.
Kölnischen Gewerbebl. Jahrg. 1836, № 44.
Wetenschappl. Maandschrift. Jahrg. 1835. H. III.

rendes Umrühren abkühlen lassen; jedoch möchte ihr Verfahren (ungeachtet die Verbrauchsplätze ihnen näher liegen) nur dann ausreichend sein, wenn das Korn gut an der Luft getrocknet und die Luft selbst während des Mahlens nicht feucht ist.

Das englische Mehl fühlt gewöhnlich sich scharf und körnig an, das amerikanische nicht; amerikanische Kleie färbt ein dunkelfarbiges Tuch, welches mit ihr gerieben wird, weiß, englische nicht: auch dies ist eine Folge verschiedener Beutelvorrichtungen.

Verglichen mit unsern gewöhnlichen Mühlen, bestehen die Vorzüge der s. g. Kunstmühlen

1. in richtigerem Verhältniß des Räderwerks unter sich;
2. in richtigerer Auswahl der Mühlsteine zu dem Gebrauch, zu welchem sie gerade ausschließlich oder vorzugsweise bestimmt sind, und zweckmäßige Paarung derselben;
3. in akkuraterer Arbeit bei Fertigung des Räderwerks, der Getriebe und der Steine;
4. in Vorrichtungen zur vollständigen Reinigung des Getreides vor dem Mahlen;
5. in der Einrichtung, alles Zapfenwerk auf oder in Metall laufen zu lassen;
6. in richtigerer Leitung des Wassers auf die Wasserräder.

Außerwesentliche Einrichtungen sind:
1. verschiedenerlei Arten von Griesschwingmühlen;
2. verschiedenerlei Arten von Beutelwerk;

3. die Einrichtung, daß ein Wasserrad mehrere Gänge treibt;
4. mancherlei andere Vorrichtungen, um Menschenhände zu ersparen, was in Amerika, wo die Menschenhände theurer sind, wesentlicher sein mag, als bei uns, wenn man die Kosten für das vermehrte Räder= und Riemenwerk und dessen Anschaffung und Erhaltung in Anschlag bringt.

Diese Vorzüge müssen wir uns zu eigen zu machen suchen, wenn wir gutes, zu Versendungen über See geeignetes Mehl bereiten wollen. Aber deshalb ist nicht erforderlich, Dampfmühlen anzulegen, oder mit Verwendung großer Kosten die Mühlen umzubauen; durch einige Abänderungen im Mühlenmechanismus und vorzüglich auch durch größere Sorgfalt bei der Auswahl des Korns, beim Mahlen selbst und bei der Behandlung des Mehls: ist alles Wesentliche zu erreichen.

Die vom Gewerbevereine für das Königreich Hannover angestellten Versuche haben wenigstens sehr wahrscheinlich gemacht, daß man bei Beobachtung des im Eingange dieses Aufsatzes beschriebenen Verfahrens, s. g. Dauermehl darstellen kann. Man muß also:

1. Trocknen Weizen nehmen und trocken mahlen, ungeachtet es ein alter Gebrauch ist, naß zu mahlen, weil man weißeres Mehl erlangt, weil weniger verstäubt, und weil viele Bäcker an solches Mehl gewöhnt sind.
2. Kalt mahlen, und wird doch, wenn die Mühle die

oben gedachte vollkommenere Einrichtung hat, schnell genug mahlen.

3. Vorsichtig bei Auswahl seiner Steine sein; die angestellten Versuche empfehlen einen s. g. rheinischen Bodenstein und einen Crawinkler Läufer. (Bemerkenswerth ist übrigens, daß man fast allgemein behauptet, ungenetzter Weizen könne zu gutem Mehle nur zwischen französischen Steinen vermahlen werden.)

4. Die lose Haue anwenden, weil dann der Stein besser geht, und die Frucht nicht so angegriffen wird.

5. Viertel Schärfe (s. g. amerikanische Schärfung) statt der gewöhnlich üblichen krummen Schärfe wählen, weil durch jene das Korn nicht so zerrissen und deshalb besser enthülset wird.

6. Vorzüglich ein besseres Beutelverfahren und bessere Beutel (von Seidengaze) einführen.

7. Der Mühle einen gleichförmigen Gang, eine gleichförmige Geschwindigkeit geben, weshalb bei Wasser- und Windmühlen Regulatoren zu empfehlen sind.

8. Vor dem Verpacken das Mehl lüften, gänzlich abkühlen und trocknen lassen.

9. Sehr sorgsam bei der Verpackung verfahren, und für gute trockne Aufbewahrung im Schiffe Sorge tragen.

Es würde die Gränzen dieses Aufsatzes überschreiten, wenn eine genauere Beschreibung der einzelnen empfehlenswerthen Verbesserungen in der Maschinerie der Mühlen geliefert würde; allein jeder Mühlenbesitzer, welcher solche Verbesserungen beabsichtigt, wird auf desfallsige

Anfrage, von der Direktion des Gewerbevereins genügende Auskunft erlangen können.

Deßhalb nur folgende Andeutungen:

Die Einrichtung und Bedienung der amerikanischen Mühlen unterscheidet sich von derjenigen unserer deutschen Mühlen hauptsächlich dadurch, daß bei den letzteren alle Arbeiten in der Regel auf einer einzigen horizontalen Flur gethan werden, während bei den amerikanischen die Arbeiten in ihrer natürlichen Reihefolge, senkrecht über einander in verschiedenen Stockwerken vorgenommen werden, weil bei allen auf die direkte Mitwirkung der Schwerkraft gerechnet ist. Diese Vertheilung hat zur Folge, daß die in Umdrehung zu versetzenden Wellbäume weit von einander entfernt sind, wodurch unmöglich wird, die Bewegung des ersten Wellbaumes durch Verzahnung und Eingriff von Rädern fortzupflanzen. Durch senkrechte und horizontale Wellbäume, die mit Winkelrädern auf einander wirken, dieses zu bewerkstelligen, würde die in Bewegung zu setzenden Massen unnöthig vergrößern, die Reibung vermehren, und eine der ganzen Maschine nachtheilige Erschütterung hervorbringen; weshalb man die Bewegung des ersten Wellbaumes auf die folgenden, durch Ketten, Seile oder Riemen überträgt. Regel ist ferner die Anwendung nur eines Motors, z. B. eines Wasserrades, wogegen man bei uns gewöhnlich für jeden Gang ein besonderes Wasserrad hat.

Eine vollständige amerikanische Mühle muß enthalten:

1. eine Vorrichtung zum Reinigen und Sortiren

des Getreides; entweder bloß als Sieb wirkend, the screen (mit schüttelndem Siebe shaking screen, oder mit drehendem Siebe, rolling screen); oder als Reibewerk, rubber.

2. Die Mahlgänge, auf welchen das Getreide trocken gemahlen wird. Die Amerikaner gebrauchen fast durchgehends s. g. französische Steine, wovon die besten unter dem Namen french burrs bekannt, bei La Ferté-sous-Jouarre und bei Bergerac, Depart. de la Dordogne, in Stücken von 12 bis 18 Zoll Länge, 6 bis 10 Zoll Breite und 5 bis 6 Zoll Dicke gebrochen, mit einem Cement aus rohem Gipsstein (plaster of Paris) zusammengefügt, und dann durch Werkzeuge verschiedener Art geflächt und geehnet werden.

Man hat bekanntlich zwei Arten von Haue, die feste Haue (stiff ryne) und die lose oder bewegliche Haue (balance ryne), welcher Letzteren in Amerika entschieden der Vorzug gegeben wird. Die Büchse (bush) im Steinloche des Bodensteins festgekeilt, ist gewöhnlich von Holz und viereckig.

Nachdem das Hängen oder Ablehren des Steins geschehen ist, was bekanntlich bei einer beweglichen Haue keine Schwierigkeiten hat, wird er zwei Mal mit eingesiebtem, scharfem, ganz trocknem Sande, und ein drittes Mal mit Wasser abgemahlen. Wenn nun hierdurch eine gute reine Fläche erlangt ist, so wird nach den Eigenschaften derselben beurtheilt, wie der Zug der Furchen und deren Anzahl sein muß. In Amerika ist die s. g. Viertelschärfe (quaterdress) fast überall gebräuchlich und die Art des Weizens, welchen man vermahlt, bestimmt sowohl die Einzelnheiten der Schärfung, als selbst die Wahl der Steine. Die Schwierigkeit, ganz fehlerfreie Steine zu finden, hat selbst in Frankreich eine Abänderung des amerikanischen Mahlsystems dahin veranlaßt, daß man das Getreide erst zwischen zwei eisernen Walzen durchgehen läßt, welche die Körner aufsprengen und quetschen.*) Sollte die Mahlmethode mit Walzen, zuerst durch die Frauenfelder Gesellschaft angewandt, sich bewähren, so wäre dadurch viel gewonnen.

3. Ein Schöpfwerk, welches das von den Steinen oder auch das Korn hinschafft (conveyer); auch eine gewöhnliche archimedische Schraube (wheat or meal-screw).

4. Eine Maschine zum Umrühren und Abkühlen des Mehls (hopperboy), zugleich dazu dienend, den Beuteln die gehörige Menge Futter zuzuführen.

5. Das Beutelwerk, welches das Schrot vom Abkühlungsapparate aufnimmt, und die verschiedenen Sorten Mehl und Kleie absondert (bolt). Man wendet ohne Ausnahme seidene Beuteltücher, die von Holland bezogen werden, an, und gibt den 4 gewöhnlich in einem Kasten befindlichen Beutelzylindern (wovon 2 für superfeines Mehl), in der Regel eine Geschwindigkeit von 25 Umdrehungen in der Minute.

6. Eine Vorrichtung, um Getreide oder Mehl in die Höhe zu heben (elevator), gewöhnliches Paternosterwerk.

---

*) Dingler's polytechnisches Journ. Bd. 54. S. 251. aus dem Bullet. de la Soc. industr. de Mulhausen.

7. Eine Vorrichtung zum Verpacken des Mehls (packing machine) in Fässer.

8. Ein Krahn (crane) zum Abheben oder Auflegen des Läufers.

Der Gehält (gield) an Mehl, welchen der amerikanische Müller aus einer gewissen Quantität Weizen gewinnt, richtet sich meistens nach der Güte des Weizens; gewöhnlich rechnet er, daß 100 Scheffel à 60 Pfund 22 Fässer Mehl à 196 Pfund engl. von der superfeinen Sorte geben. In Illinois gebraucht man zu einem Fasse Mehl 3½ Bushel Weizen; der Müller nimmt bei Ochsenmühlen das 4te Korn, bei Wasser-, Wind- und Dampfmühlen das 8te.*) Mühlen in Preußen, nach dem amerikanischen System eingerichtet, erhalten von dem ursprünglichen Gewichte des aufgeschütteten Weizens

69 Prozent superfeines,
12 » ordinaires und
16 » Futtermehl und Kleie.

Die ähnlich konstruirte Mühle zu St. Denis liefert aus 100 Theilen gemahlenem Weizen

Mehl erster Qualität . . . . 64 Theile;
Grießmehl . . . . 3 »
Mehl zweiter Qualität . . . 6 »
 » dritter » . . 2 »
Kleie ꝛc. . . . . 23 »

Nach englischen Beobachtungen mahlt jede Pferdekraft einer solchen Mühle $\tfrac{3}{10}$, $\tfrac{4}{10}$, ja selbst $\tfrac{7}{10}$ Scheffel in der Stunde, bei 100 bis 115 Umläufen pr. Minute.

---

*) Gerke, der amerikanische Rathgeber. Hamburg 1833.

Ist der Unterschied des Marktpreises zwischen Weizen und Mehl verhältnißmäßig nicht bedeutend, so findet der Amerikaner es vortheilhafter, so viel superfeines Mehl als möglich in einer gewissen Zeit anzufertigen, weil der Zeitgewinn den Verlust an Mehl, welcher durch dieses Verfahren entsteht, übersteigt.

Die Weizensorten, welche man in den vereinigten Staaten baut, sind von sehr verschiedener Güte. Im Staate Virginia und in Süd-Maryland ist derselbe meist von kleinem Korne, dunkelgelb und dünn von Hülse; im nördlichen Theile von Maryland dagegen ist er von größerem Korne, dunkeler Farbe und dicker Hülse. Häufig finden sich Knoblauchkörner unter dem Weizen, was dessen Verarbeitung zu Mehl sehr erschwert; auch ist er nicht selten höchst unrein, als Folge des Austretens durch Vieh. In der sehr beachtungswerthen Schrift —: »Bromme, Reisen »durch die vereinigten Staaten und Ober-Canada, Baltimore 1834, Bd. I. — III.« finden sich zerstreut folgende Notizen, welche für den vorliegenden Gegenstand von Interesse sind.

Im Staate Maine berechnet man den Ertrag von Weizen auf 12 bis 15 Bushel*) per Acre; in New-Hampshire am Connecticut auf 40—50 Bushel, im Oberlande auf etwa 20 Bushel; in Massachusetts auf 20 Bushel; in Connecticut (Gegend von Newhaven) 35 bis 40 Bushel, (Gegend von Lairfield)

―――――
*) Ein Bushel ist $\frac{4}{5}$ Himten Hannov. gleich zu rechnen, ein Acre hält 41,087 rheinl. Quadratfuß.

40 bis 45 Bushel; jedoch wird nur in einigen Kantons der Weizenbau stark betrieben, weil in den andern Brand und die hessische Fliege dessen Feinde sind. In New-Jersey liefert guter Boden 25 bis 35 Bushel, schlechter 8 bis 12 Bushel Weizen; in Maryland (Adams County) etwa 25 Bushel. (Um Baltimore befanden sich 1831 an 80 große Mehlmühlen und auch in der Umgegend von Washington gibt es deren eine große Zahl; Wilmington (Delaware) besitzt 13 Mahlmühlen, wovon eine (des Mr. Pool) mit 6 Paar Steinen wöchentlich 800 bis 1000 Barr. des feinsten Weizenmehls liefert); Pensilvanien hat gleichfalls schönen Weizenboden, namentlich unterhalb Pittsburg am Ohio, ein großer Theil seines Mehls geht in s. g. New-Orleans-Booten, welche 400 bis 450 Barrel tragen, den Ohio hinab. Virginien bauet im Kanton Washington viel Weizen für den Markt von Richmond und Baltimore, wohin solcher gewöhnlich zu Lande geschafft wird; auch im Kanton Rockingham wächst eine Menge schönen Weizens; der Kanton Frederic versorgt mit Weizen und Mehl die Plätze Washington, Georgetown und Alexandria; Norfolk versendet viel Mehl, welches von Petersbourgh, Richmond und aus Westvirginien dahin gebracht wird. Ohio ist die Mehlkammer des Westens und Südens, denn fast aller Weizen, größtentheils schon in Mehl verwandelt, geht den Ohio und Missisippi hinunter nach New-Orleans; Weizen liefert per Acre 30 bis 35 Bushel. Auch in Illinois, vorzüglich im Innern, wird Weizen häufig gebaut und gibt reichliche Ernten, 20 bis 30 Bushel vom Acre, er wird

gewöhnlich Ende Juni mit der Handsichel geschnitten; Missouri hat für alle Cerealien guten Boden, namentlich gedeiht Weizen vortrefflich. In Kentucky ist ein Theil des Bodens (namentlich Pendleton County) zu fett für Weizen und gibt nur 20 bis 25 Bushel per Acre; an der Grenze von Tennessee dagegen (z. B. im Kanton Wayne) ist sehr guter Weizenboden, der 30 bis 40 Bushel liefert. Der Staat Tennessee enthält größtentheils so reiches Land, daß darauf erst mehrere Jahre Hanf und Taback gebaut werden müssen, und hiernach gewinnt man 36—40 Bushel vom Acre; die Kantons Roan und Davidson sind namentlich in dieser Hinsicht sehr wichtig.

Nord-Carolina erzeugt im westlichen Theile vielen und guten Weizen; im östlichen leidet derselbe häufig vom Brande und schießt zu sehr in's Stroh. Alabama bauet nur in seinem nördlichen Theile, an der Grenze Tennessees genug Weizen, weshalb viel Mehl aus den nördlichen Staaten z. B. nach Mobile und Blakely gebracht wird. Louisiana endlich gewinnt nur am oberen Theile des Redriver und Washita hinreichend Weizen, und bezieht deshalb durch Vermittelung des Mississippi von allen damit in Verbindung stehenden Staaten der Union, sowohl seinen Bedarf, als bedeutende Quantitäten zur Weiterversendung.

Die Ursache des Sauerwerdens und Verderbens des Mehls, welchem auch das amerikanische unterworfen ist, hat man bis jetzt mit Bestimmtheit nicht erforschen können. Zuweilen glaubt man, die Fässer hätten die Schuld: dann der Ort, wo dieselben bis zum Verschiffen des Mehls aufbewahrt werden; ferner die Getreideart; endlich und vorzüglich die Jahrszeit und Witterung, in welcher das Mehl angefertigt wurde. Niemals oder höchst selten, soll Mehl, welches im Sommer sogar von frischem feuchten Weizen gemacht und in trockne Fässer verpackt wird, verderben; wogegen die Erfahrung gezeigt hat, daß Mehl, welches im Winter bei starkem Froste verfertigt wurde, verdorben ist, weil die Feuchtigkeit des Mehls unter der Kühlmaschine nicht verdunstet, vielmehr gefriert und sich in wärmeren Gegenden demselben mittheilt. —

Zum Schlusse noch einige kurze Andeutungen über die Gebrechen des jetzigen deutschen, namentlich hannoverschen Mahlwesens und den Einfluß, welchen die gar nicht zu vermeidenden Änderungen im technischen Betriebe desselben, darauf haben werden.*)

Abgesehen von einzelnen Ausnahmen, hat das Mühlwesen bei uns während der letzteren zwei Jahrhunderte, keine wesentlichen Verbesserungen erfahren. Davon ist der Grund weniger in dem Mahlzwange, auch nicht allein im Mühlenzwange; sondern vornehmlich darin zu suchen, daß ein großer Theil der Mühlen von den Mül-

---

*) Zimmermann, Allgem. ökonom. Zeitung. Jahrg. 1836.
  Landwirthschaftliches Wochenblatt für das Herzogthum Nassau, Jahrg. 1836.
  Ernst, Anweisung zum praktischen Mühlenbau, Leipzig 1818—25.
  Meißner, Anleitung zum Bau der Mahlmühlen, Hamburg 1835.

lern nur pachtweise besessen wird, und dann auch in der Einrichtung, daß die Mühle nur als eine Maschine gegen Vergütung benutzt wird. Der Müller hat fast kein anderes Interesse, als seinen Lohn; deshalb, oder weil er nur Zeitpächter ist, oder weil die Konkurrenz ihn nicht treibt, oder weil die alten Gesetze ihn hindern: unterläßt er kostspielige Verbesserungen. Unsere Müller (mit wenigen ehrenvollen Ausnahmen) haben aber auch auf ihrer Wanderschaft nie vollkommenere Mahlwerke gesehen, als sie selbst besitzen, und träumen deshalb so lange in bequemer Sorglosigkeit hin, bis die bedrohte Existenz nicht mehr zu retten ist.

Das amerikanische Mahlsystem ist nicht allein auf die Fabrikation des Mehls für den großen Handel berechnet, sondern auch für den Mehlabsatz im Kleinen, die Kundenmahlerei; wie die Erfahrungen der in Deutschland bereits bestehenden s. g. Kunstmühlen beweisen. Sie befassen sich freilich nicht damit, jede einzelne Parthie oder jede Kleinigkeit Frucht, wie sie von den Kunden in die gewöhnlichen Mühlen gebracht zu werden pflegen, nach dem Gebrauch der Letzteren, besonders zu mahlen und den Kunden hiervon die verschiedenen Sorten Mehl, die Kleie u. s. w. zuzustellen. Dies ließe sich allerdings mit ihrem Mühlensysteme ohne verhältnißmäßig geringeren Verdienst nicht vereinigen. Dem ungeachtet wird aber der Zweck eben so vollständig, ja auf eine den Forderungen der Kunden noch weit entsprechendere Weise erreicht, indem der Kunstmüller einen Tarif darüber festzustellen pflegt, wieviel er von seinen verschiedenen Mehlsorten für eine gewisse Quantität und

Qualität des in die Mühle gebrachten Getreides abgibt. Es findet somit ein förmlicher Tausch von diesem gegen Mehl statt, wobei der Mahlgast schneller bedient wird und außerdem den erheblichen Vortheil genießt, daß er gerade diejenige Mehlsorte wählen darf und kann, welche für seine speciellen Verhältnisse vorzugsweise paßt; also nicht gezwungen ist, die verschiedenen aus seiner Frucht zu gewinnenden Produkte anzunehmen.

Die bei Ohlau an der Oder belegene Mahlmühle z. B. durch Wasserkraft betrieben, mit 8 Gängen nach amerikanischer Weise eingerichtet, gibt für 100 Pfund Weizen, welche hingebracht werden, nachdem 8 Pfund als Mahlmetze abgezogen worden, 60 Pfund feines, 10 Pfund mittel, 5 Pfund schwarzes Mehl und 20 Pfund Kleie; rechnet mithin nur 5 Pfund für Abgang. Für 100 Pfund Rocken gibt sie 40 Pfund feines, 20 Pfund mittel, 10 Pfund schwarzes Mehl und 25 Pfund Kleie. ——

Möge die Zeit nicht mehr fern liegen, wo wenigstens die Mehrzahl der Müller begreift, daß es nothwendig ist, den Fortschritten der Technik zu folgen; möge bald die Gesetzgebung solchen Bestrebungen zu Hülfe kommen und auf diese Weise dem großen Ziele näher gerückt werden: durch den Mehlhandel die Stütze wieder zu erlangen, welche der Kornhandel der Landwirthschaft Deutschlands wohl niemals wieder sein wird.

Lightning Source UK Ltd.
Milton Keynes UK
UKHW020917220119
335965UK00013B/1739/P